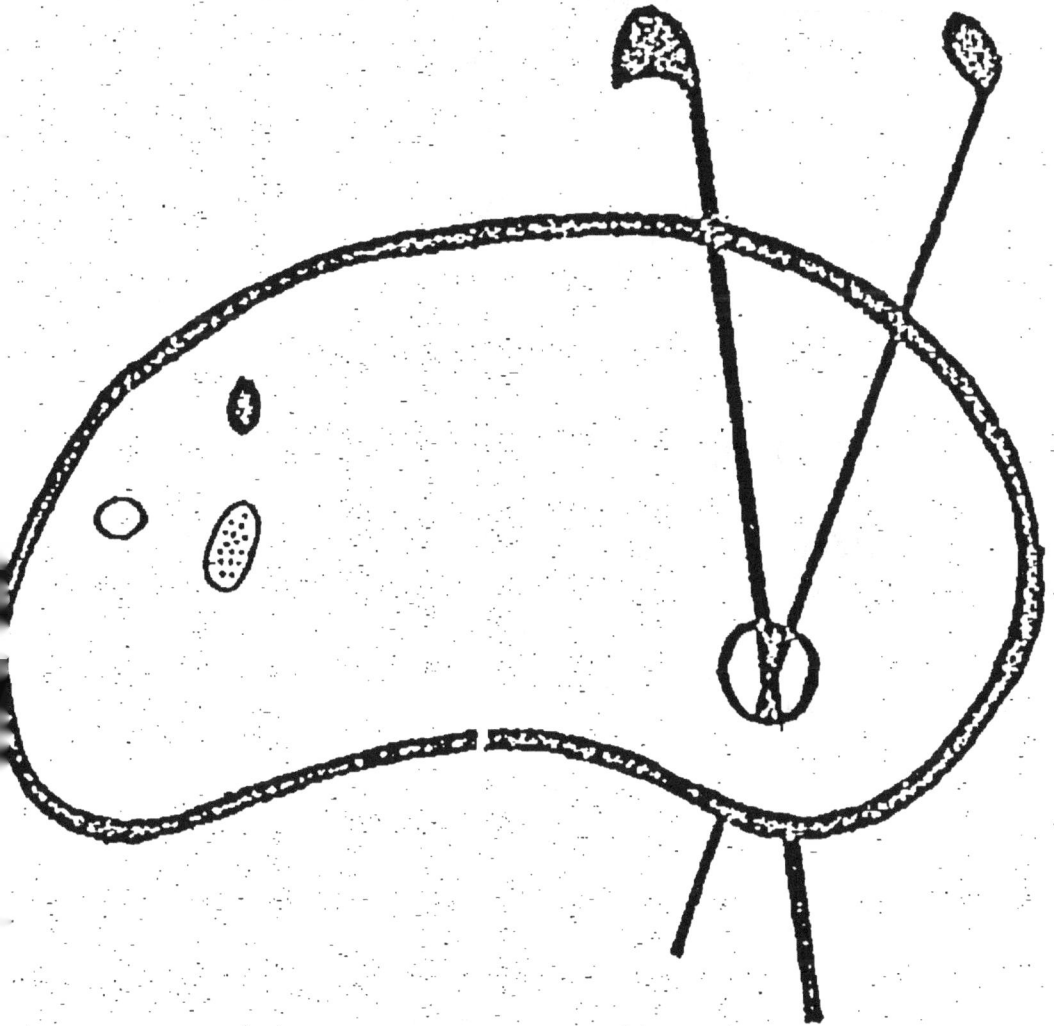

COUVERTURE SUPERIEURE ET INFERIEURE
EN COULEUR

TRAITÉ

DE

PHYSIOGNOMONIE

OU

ART DE CONNAITRE ET DE JUGER

LES MŒURS ET LES CARACTÈRES D'APRES LA PHYSIONOMIE

PAR

Le Docteur F. ROUGET

5me ÉDITION REVUE ET AUGMENTÉE

Prix : **3** francs.

NICE

CHEZ LES PRINCIPAUX LIBRAIRES

1878

OUVRAGES DU DOCTEUR F. ROUGET

Le Médecin à la Maison. Guide médical du foyer à l'aide duquel chacun peut se soigner et soigner les siens dans tous les cas de maladie ; les maladies y sont décrites par leurs symptômes de manière à être reconnues et comprises par tous ; l'indication des médications simples ou composées, internes et externes sont appropriées aux phases aiguë, chronique ou adynamique de chaque maladie avec les règles d'hygiène à suivre. 6me édition, 1 vol. in-8°. . . . . Prix : 10 francs.

Hygiène alimentaire ou Art de vivre en bonne santé. Traité des aliments : leurs qualités, leurs effets et le choix qu'il convient d'en faire selon l'âge, le tempérament, la profession, la saison et l'état de convalescence. 14me édition, 1 vol. in-12. . . . . Prix : 3 francs.

Indicateur des Eaux minérales et des Bains de mer les plus efficaces pour le maintien et le rétablissement de la santé. 2me édition, 1 vol. in-12. . . . . Prix : 3 francs.

Hygiène et Médecine préservative et curative des maladies épidémiques. 2me édition, 1 vol. in-12. Prix : 3 francs.

Traité de l'influence de l'Atmosphère sur le Système nerveux ou Connaissance de la cause qui produit le plus grand nombre de maladies nerveuses, simples ou composées, physiques et morales. 4me édition. 1 vol. in-12. Prix : 3 francs.

Traité de Médecine magnétique ou Résumé théorique et pratique du magnétisme humain pour rétablir et développer les fonctions physiques et les facultés intellectuelles dans l'état de maladie récent ou chronique. 3me édition, 1 vol. in-8°. Prix : 5 francs.

Les Erreurs et les Dangers du Spiritisme dévoilés ou Connaissance de la cause naturelle qui produit les phénomènes du Spiritisme depuis l'antiquité jusqu'à nos jours. 2me édition, 1 vol. in-12 . . . . . . Prix : 3 francs.

Les Sages et les Fous ou Divulgation des grandes vérités religieuses, sociales et philosophiques. 2me édition, 1 vol. in-12 . . . . Prix : 3 francs.

IMPRIMERIE DE SURGÈRES — J. TESSIER

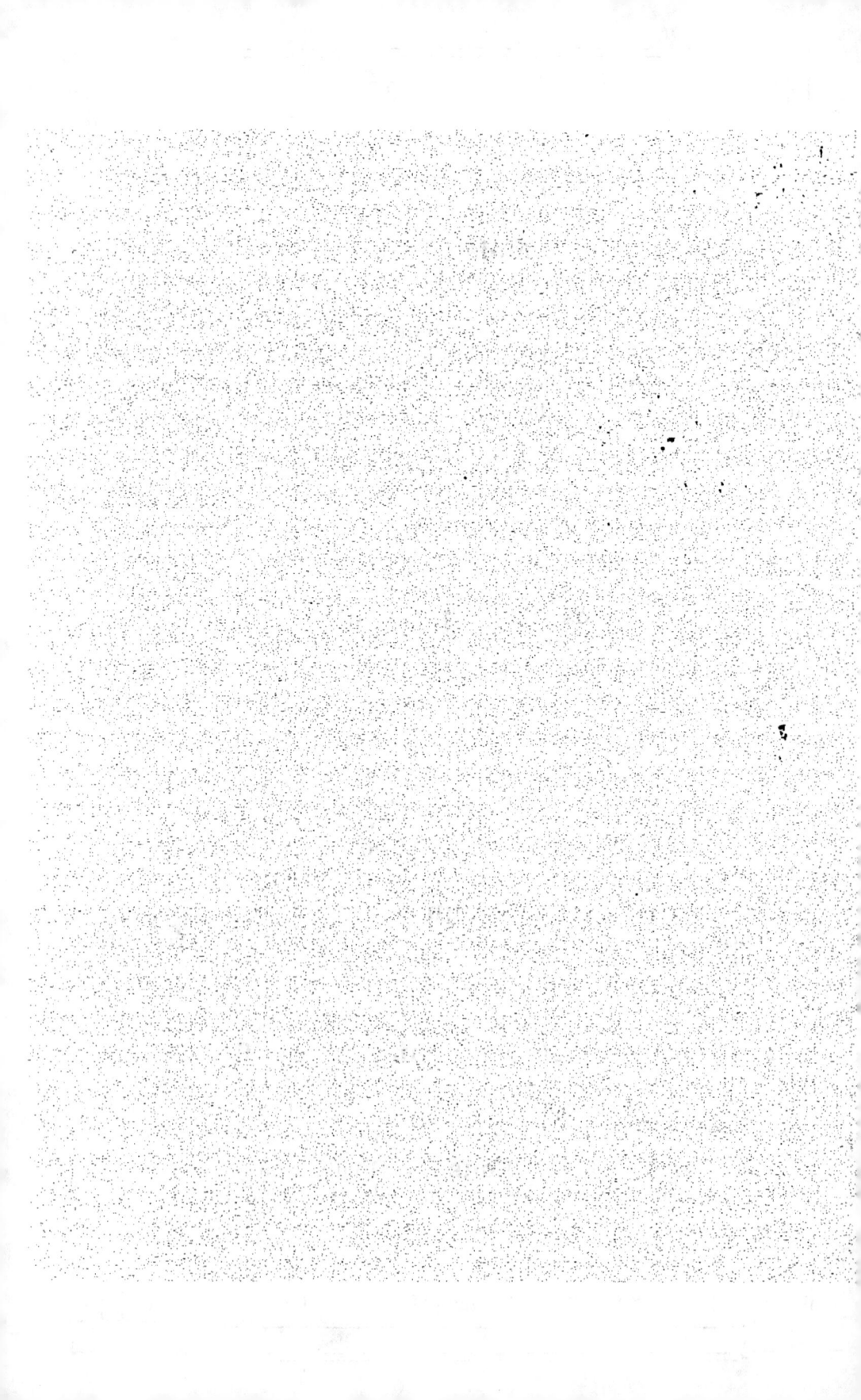

TRAITÉ

DE

PHYSIOGNOMONIE

OUVRAGES DU DOCTEUR F. ROUGET

Le Médecin à la Maison. Guide médical du foyer à l'aide duquel chacun peut se soigner et soigner les siens dans tous les cas de maladie ; les maladies y sont décrites par leurs symptômes de manière à être reconnus et compris par tous ; l'indication des médications simples ou composées, internes et externes sont appropriées aux phases aiguë, chronique ou adynamique de chaque maladie avec les règles d'hygiène à suivre. 6ᵐᵉ édition, 1 vol. in-8°. Prix : 10 francs.

Hygiène alimentaire ou Art de vivre en bonne santé. Traité des aliments : leurs qualités, leurs effets et le choix qu'il convient d'en faire selon l'âge, le tempérament, la profession, la saison et l'état de convalescence. 14ᵐᵉ édition, 1 vol. in-12. Prix : 3 francs.

Indicateur des Eaux minérales et des Bains de mer les plus efficaces pour le maintien et le rétablissement de la santé. 2ᵐᵉ édition, 1 vol. in-12. . . . . Prix : 3 francs.

Hygiène et Médecine préservative et curative des maladies épidémiques. 2ᵐᵉ édition, 1 vol. in-12. . . . . . . Prix : 3 francs.

Traité de l'influence de l'Atmosphère sur le Système nerveux ou Connaissance de la cause qui produit le plus grand nombre de maladies nerveuses, simples ou composées, physiques et morales. 4ᵐᵉ édition, 1 vol. in-12. . . . . Prix : 3 francs.

Traité de Médecine magnétique ou Résumé théorique et pratique du magnétisme humain pour rétablir et développer les fonctions physiques et les facultés intellectuelles dans l'état de maladie récent ou chronique. 3ᵐᵉ édition, 1 vol. in-8°. Prix : 5 francs

Les Erreurs et les Dangers du Spiritisme dévoilés ou Connaissance de la cause naturelle qui produit les phénomènes du Spiritisme depuis l'antiquité jusqu'à nos jours. 2ᵐᵉ édition, 1 vol. in-12. . . . . Prix : 3 francs.

Les Sages et les Fous ou Divulgation des grandes vérités religieuses, sociales et philosophiques. 2ᵐᵉ édition, 1 vol. in-12. Prix : 3 francs.

TRAITÉ

DE

PHYSIOGNOMONIE

OU

Art de connaître et de juger les mœurs et les caractères d'après la physionomie

PAR

LE DOCTEUR F. ROUGET

5me ÉDITION
REVUE ET AUGMENTÉE

NICE

CHEZ LES PRINCIPAUX LIBRAIRES

—

1878

PRÉFACE

Tout s'enchaîne dans l'univers. Il n'est aucun fait qui
n'ait ses racines dans les faits antérieurs et qui ne soit
lui-même le germe de faits à venir. Il s'ensuit qu'à une
époque quelconque le présent suffit pour révéler le passé
et l'avenir à celui qui sait lire et observer. Il n'est aucun
de nous qui, à chaque instant, ne déduise du présent
le passé et l'avenir. Seulement nous gémissons sur notre

courte vue, qui ne nous permet pas de pénétrer plus avant; mais quelques hommes peuvent acquérir, en certains cas, une pénétration supérieure et plonger à des profondeurs dont nous sommes épouvantés.

Le présent seul a une existence réelle. Si le passé a une existence relative à nous, c'est parce qu'il a laissé des traces, il existe par ses effets; mais l'avenir existe en germe. Le passé a produit le présent, il en est la cause; l'avenir sera produit par le présent, il en est l'effet. Lorsque nous considérons le passé, nous voyons la cause dans ses effets; lorsque nous considérons l'avenir, nous voyons les effets dans la cause; placés dans un point de la durée, nous pouvons également porter nos regards en avant et en arrière.

L'homme, dans l'état ordinaire, possède la faculté de prévision, au moins dans une certaine sphère. L'étude de la nature lui ayant appris que des lois constantes et invariables régissent tous les phénomènes, il se trouve ainsi amené à annoncer d'avance un certain nombre de faits comme découlant, en vertu de ces lois, des faits actuels. En astronomie, par exemple, la prévision est portée fort loin : on détermine, bien des années d'avance la position exacte des astres et leurs diverses phases. Le jardinier, qui vit au milieu de ses plantes, connaît d'avance jusqu'à un certain point les degrés de développement par où elles passeront; il peut annoncer, avec très-peu de chance d'erreur, le jour où telle fleur s'épanouira, où tel fruit prendra la teinte indiquant la maturité. Le médecin qui, par une longue pratique, a acquis un coup d'œil pénétrant, est parfois en état d'annoncer les progrès et l'issue d'une maladie et de prédire l'heure de la mort. Nous pourrions multiplier ces exemples; ceux-là suffisent pour prouver que la faculté de prévision appartient à l'homme, et que c'est à tort qu'on la traite de chimérique et d'absurde.

Peut-elle s'exercer sur des faits qui dépendent du libre arbitre ? L'affirmative n'est pas douteuse. Quand on connaît les habitudes, le goût et le caractère d'un individu, il n'est pas difficile de prévoir le parti qu'il prendra dans un cas donné. On dira, par exemple, sans risquer beaucoup de se tromper, que tel ivrogne, à peine levé, ira au cabaret. Quand on assiste aux débats de certains procès, et qu'on a quelques connaissances sur le personnel du tribunal, sur la jurisprudence, etc., ne peut-on pas annoncer d'avance le jugement qui sera rendu?

La *physiognomonie* est l'art de juger les hommes par les traits du visage et de connaître l'intérieur de l'homme par son extérieur.

Cette science ne paraît ridicule que quand on veut la pousser trop loin. Tous les visages, toutes les formes, tous les êtres sont différents entre eux, non-seulement dans leur classe, dans leur genre, dans leur espèce, mais aussi dans leur individualité. Pourquoi cette diversité de formes ne serait-elle pas la conséquence de la diversité des caractères? ou pourquoi la diversité des caractères ne serait-elle pas liée à cette diversité de formes? Qu'un homme soit agité par une passion ardente, l'expression de son regard, le trouble de ses traits, le jeu de sa physionomie, tout son extérieur, en un mot, trahira hautement ses sentiments et les dévoilera même aux yeux les moins exercés. Si nous considérons un homme plus réservé, qui aura pris assez d'empire sur lui-même pour dissimuler l'état de son âme, ses sentiments ne seront pas écrits sur ses traits d'une manière aussi patente; mais, s'ils sont voilés pour le vulgaire, ils ne le seront pas pour l'œil sagace de celui qui aura fait une étude de physionomies. L'observateur qui, par science acquise ou par instinct, en est venu à lire sur un visage humain, n'a besoin que de faibles indices pour reconnaître à coup sûr la pensée de celui qu'il soumet à son examen. A mesure que s'accroîtra la perspicacité du physionomiste, on arrivera à une vue de plus en plus claire, de plus en plus sûre, de ce qui se passera dans l'âme d'un individu.

Il ne se passe rien dans notre esprit qui ne se traduise par une modification dans nos organes. On peut en juger chaque fois que nous éprouvons une émotion violente : notre physionomie est profondément changée, la coloration du visage est altérée, ce qui est causé par une modification apportée au cours du sang. Ces phénomènes ne peuvent se produire sans que toute l'économie en soit influencée. Notre état n'est donc plus le même, et celui qui pourrait observer tous les détails du corps y distinguerait une foule de signes attestant les résultats qui se sont produits. Si l'accès de passion est moins ardent, les modifications apportées à l'organisme seront moins profondes, les traces en seront moins visibles, surtout pour un œil moins exercé ; mais il n'y en aura pas moins un effet physique appréciable pour une vue pénétrante.

Quand une passion exerce son empire sur un individu pendant un certain temps, quand une faculté native a reçu chez lui un certain développement, il en résulte dans les organes des modifications dont plusieurs peuvent être constatées. Les phrénologues assurent que les replis cérébraux, correspondant à certaines passions, reçoivent alors de l'accroissement et causent aux parties du crâne qui leur sont superposées des protubérances qui accusent jusqu'à un certain point l'état moral et intellectuel de l'individu. D'autres résultats se produisent sur les diverses parties du corps, et notamment sur le visage, qu'on a depuis longtemps appelé le miroir de l'âme et où se dé- pose l'empreinte de nos goûts, de nos habitudes, de nos passions, de nos pensées. Parmi les indices que peut ainsi offrir l'extérieur du corps humain, il en est qui frappent tous les regards : l'individu adonné à l'ivrognerie, au vice solitaire ne porte-t-il pas sur sa face les stigmates honteux de ses habitudes ? Il est d'autres signes qui, bien que moins apparents, n'en sont pas moins réels, et qui, pour être perçus, demandent une certaine clairvoyance. Lavater était doué à cet égard d'une pénétration qu'on serait tenté de traiter de divination et lisait couramment sur les visages, comme dans un livre. Si les règles qu'il a posées n'ont pu constituer la science de la physiognomonie, ni servir à former des physionomistes aussi habiles que lui, les principes sur lesquels il a fondé son système n'en sont pas moins vrais, et les résultats auxquels il est parvenu prouvent qu'il ne s'agit, pour compléter son œuvre, que de formuler la méthode qui le conduisait avec une admirable certitude.

Notre *Traité de physiognomonie* facilitera à toutes les intelligences, nous osons le croire, l'étude de cette science. Tel est notre ardent désir : fasse le Ciel qu'il se réalise !

CHAPITRE Ier

CONSIDÉRATIONS PRÉLIMINAIRES
SUR LA PHYSIOGNOMONIE

La physiognomonie est la science qui s'occupe de l'interprétation morale des traits du visage de l'homme; c'est la connaissance des rapports qui existent entre l'extérieur et l'intérieur, entre la surface visible et ce qu'elle couvre d'invisible. Or on peut dire qu'elle est contemporaine de la naissance du monde; car il est hors de doute que de tout temps les hommes ont jugé toutes les choses d'après leur extérieur, leur surface, enfin leur physionomie. Ne voit-on pas tous les jours tirer des inductions, des conjectures de cet extérieur, qui préparent et règlent en quelque sorte le jugement ?

N'entend-on pas tous les jours dire : « Cet homme ou cette femme a l'air bon, honnête; sa physionomie prévient en sa faveur; » ou bien : « Il y a dans l'extérieur, dans les traits de cette personne, quelque chose qui déplaît, qui inspire la méfiance » ? Ainsi on conclut toujours de l'extérieur à l'intérieur.

La physiognomonie est donc le mobile et le principe de tous les jugements de l'homme, de sa conduite et de ses espérances, de toutes les sensations agréables ou désagréables que les objets produisent sur lui.

On trouve dans l'histoire des témoignages importants en faveur de la physiognomonie; des savants, des philosophes illustres, l'ont glorifiée. Aux noms de Wolf, de Scaliger, de Gehler et d'autres écrivains non moins célèbres en Allemagne, nous pourrions joindre ceux de Des-

cartes, de Montaigne, de Buffon lui-même, quoi-
qu'il ait semblé mettre une sorte de restriction
à son opinion sur cette science. « Quelle main,
s'écrie l'éloquent Herder, pourrait surprendre
et saisir ce qui est logé dans la tête de l'homme
et sous son crâne? Quel doigt pourrait pénétrer
dans cet abîme de sentiments, de passions, qui
s'agitent ou se reposent dans l'intérieur de cette
tête ?... » Grâce à ce passage étroit qui a reçu le
nom d'oreille, grâce à cette porte qu'on appelle
œil, les merveilles du son et de la lumière s'insinuent dans nos pensées et procurent d'ineffa-
bles jouissances à notre esprit; la main de Dieu a
couronné cet Olympe d'une sainte forêt qui ondoie
en chevelure, et quel sens renferment les divers
mouvements de cette chevelure dans les différentes formes qu'elle affecte dans ses bizarres
caprices ?

Posée sur le cou, la tête est l'Olympe sur une
éminence qui indique la force et l'indépendance,
ou la douceur craintive et la flexibilité. Le cou
n'annonce pas ce que renferme la tête de
l'homme; mais le maintien exprime la manière
dont il porte la vie. Tantôt il l'élève avec no-

blesse; tantôt il la baisse avec humilité et elle
ressemble alors à une colonne, emblème de la
force d'Hercule; ou courbée, enfoncée dans les
épaules, ce n'est qu'une masse difforme, hideuse;
mais, dans quelque état qu'elle se présente, com-
bien elle est éloquente dans son expression!...

La lumière, la joie, la tristesse, la douleur,
l'ignorance, la stupidité, tout se trouve sur le
front de l'homme. Comment pourrait-on regarder un front avec indifférence?... Voyez l'endroit
où il s'abaisse : c'est là que la sensation se change
en volonté. Le sourcil est placé au-dessous du
front, dont il est en quelque sorte la limite; ce
sourcil est tantôt l'arc-en-ciel de la paix et de la
douceur, tantôt l'arc-en-ciel de la guerre et de la
fureur; mais il exprime toujours la pensée et le
sentiment. L'angle qui se dessine nettement et
avec finesse, et descend doucement du front à
l'œil, est un des signes les plus heureux et les
plus agréables. Le visage doit son maintient au
nez, espèce de montagne jetée entre les deux
vallons opposés pour en marquer la séparation.
Quelle étude curieuse que celle du nez, dans sa

naissance, son dos, sa pointe, son cartilage, et
surtout dans les narines!

Si vous examinez la forme extérieure des
yeux, vous reconnaîtrez tout de suite qu'ils sont
le miroir de l'esprit, les fenêtres de l'âme. Ob-
servez surtout si l'os inférieur de l'œil s'avance
brusquement ou s'il se perd d'une manière sensible, si les tempes sont creuses ou arrondies
avec mollesse. Les rapports qui lient entre eux
le sourcil, l'œil et le nez, forment un ensemble
d'indications suffisant pour juger l'âme et le
caractère. Dieu a placé sur le côté, il a presque
caché le sens de l'ouïe; il n'a donné aucun ornement à cet organe, parce qu'il ne devait être
d'un usage exclusif que pour l'homme.

La partie inférieure ne présente pas moins
d'intérêt à l'observateur. La lèvre supérieure
caractérise les sentiments les plus vifs, les appé-
tits, la sensibilité; la lèvre inférieure n'exprime
rien par elle-même; destinée à fermer, à soute-
nir l'autre, elle ressemble au coussin d'écarlate
sur lequel repose la couronne, emblème de la
puissance. Il y a encore des signes très expres-
sifs dans la disposition des dents, dans le con-

tour des joues. Qu'y a-t-il de plus attrayant
qu'une bouche délicate et pure? Si la bouche est
l'antre du mensonge, elle est aussi le calice de
la vérité, la coupe de l'amour et de l'amitié.

Le premier principe, le principe fondamental
et rationnel de la physiognomonie, c'est que rien
ne se passe dans l'âme sans qu'un changement
dans le corps ait lieu simultanément : ainsi le
corps renferme dans sa figure totale, comme
dans la figure de ses diverses parties, ce qui sert
à faire connaître les qualités naturelles et les
divers penchants de l'âme.

Les linéaments, ou, comme dit le vulgaire, les
traits du visage, déterminent l'expression plus que
toute autre chose, et cette expression, quand elle
n'est pas le résultat de la crainte, indique les
dispositions naturelles; de même aussi ces linéaments, si on les examine dans leur position véritable, font bien connaître la nature de l'homme.

L'expérience de chaque jour démontre que les
inclinations mauvaises et vicieuses passent, en
quelque sorte, du cœur au visage, qui les traduit.
La beauté la plus parfaite du visage s'altère et
disparaît quelquefois entièrement sous l'em-

preinte du libertinage, de la colère, de la jalousie, de l'amour-propre et du chagrin. Les manières les plus élégantes ne sauraient neutraliser
l'effet produit par la bassesse ou la sottise que
révèlent les traits du visage. Il en est de même
de la voix : interprète fidèle du caractère de
l'homme, elle en adopte les qualités et les défauts.

Le sentiment physiognomonique est inné dans
l'homme, car aucun être intelligent n'échappe à
l'impression et à la sensation particulière que
produit sur lui toute figure humaine. On doit
attendre plus d'énergie et d'activité, plus de
flexibilité d'esprit et de finesse, d'un tempérament sec que d'un corps surchargé d'embonpoint.
Il se trouve cependant des gens d'une taille effilée
qui sont excessivement lents et paresseux; mais
alors le caractère de leur indolence reparaît
dans le bas du visage. Les gens d'un mérite supérieur ont ordinairement les cuisses maigres.
Les pieds plats s'associent rarement au génie.

Les tempéraments sanguins ont un teint frais,
de la vivacité dans la physionomie, de l'embonpoint modéré, quoique replets, une taille avanta-

geuse, des formes agréables, les cheveux châtains, de l'aptitude aux exercices qui exigent et réclament de l'agilité et de l'activité ; l'imagination vive, la mémoire heureuse, de la facilité à s'exprimer, l'humeur toujours enjouée, une disposition prompte à recevoir la moindre offense, la bravoure, l'amour de la vraie gloire, les plaisirs de la table, la galanterie, l'inconstance.

Les bilieux ont un corps grêle, agile et dispos, les cheveux noirs et parfois châtains, la peau plus ou moins brune, la physionomie grave, expressive, les chairs fermes, les formes faiblement prononcées, les os saillants, et surtout les veines très-développées ; l'exaltation de tous les sentiments, l'aptitude à toutes les grandes entreprises qui exigent de la constance; l'amour passionné, mais durable, pour posséder l'objet qui sait le faire naître et le cultiver ; le goût des sciences et le désir de les toujours approfondir, l'ambition, l'élévation de l'âme, un caractère généreux, exigeant, facile à agacer, à irriter, et susceptible de grands emportements.

Les lymphatiques ont un embonpoint prononcé, des formes arrondies, la peau blanche et déli-

cate, la mollesse, la flaccidité des chairs, la
chevelure blonde, une physionomie extrêmement douce, mais peu animée. Leur caractère
est flexible, leur mémoire est peu sûre; ils sont
très enclins à l'oisiveté, parce qu'ils se fatiguent
très facilement; ils sont peu propres surtout aux
choses qui exigent de la vivacité et de la profondeur d'esprit; ils ont peu d'ambition dans l'âme,
et rarement ils acquièrent de la célébrité, à
moins de circonstances particulières.

Les nerveux ont une grande activité dans les
sensations, une promptitude extrême dans les
jugements, des déterminations précipitées, mais
peu constantes; une imagination vive, mais mobile ; des volontés absolues, mais changeantes.
La vie sédentaire, la lecture des ouvrages éroti-
ques qui agitent l'imagination, les veillées pro-
longées, l'abus des plaisirs, et, en un mot, les
vices et tous les excès conduisent promptement
les personnes nerveuses à tous les accidents
réels auxquels elles sont prédisposées.

Le mélancolique a la physionomie sombre et
pensive; son regard est toujours oblique et inquiet; il a peu d'embonpoint; il n'embrasse

qu'un très petit nombre d'objets et s'y attache exclusivement; il est d'un caractère ombrageux, et sa haine est facile à provoquer; le désir de la vengeance peut seul fixer ses projets; s'il se passionne pour les sciences ou les beaux-arts, il parvient souvent à les approfondir tous ou à les étendre. Le mélancolique est comme le feu qui couve sous la cendre; taciturne, silencieux et peu communicatif, il ne sort de cet état que par des actes d'une véritable énergie; tantôt poussé par le génie du mal, tantôt guidé par les sentiments les plus grands, les plus nobles et les plus généreux, il s'y laisse toujours entraîner par un penchant irrésistible.

Les athlètes ont beaucoup d'énergie, de force, et sont capables des plus grands travaux. Chez l'athlète, les facultés intellectuelles, la profondeur des affections de l'âme, en un mot toute l'activité du système nerveux est en raison inverse de la masse musculaire.

Les signes de la force sont :

De justes proportions dans la configuration, qui doit être plutôt trop courte que trop longue;

Un front court, serré, même noueux, présentant des sinus bien apparents, mais non très proéminents, aplati au milieu ou marqué de fortes incisions, mais sans dépression plate ;

Des dents plutôt courtes que longues, de moyenne largeur, rapprochées les unes des autres, de sorte qu'elles se joignent ; des lèvres serrées et qui se rapprochent, de sorte que la lèvre inférieure avance plutôt qu'elle ne recule ; un menton large et en saillie ;

L'os occipital noueux et proéminent ;

Une voix forte ;

Une assiette calme ;

Un pas ferme.

Les signes de la faiblesse sont :

Une taille d'une longueur disproportionnée ;

Peu d'os et beaucoup de chair ;

La mollesse de la peau ;

Un nez et un front dont les contours sont fortement arrondis ;

La petitesse du nez, du menton et des narines ;

Un menton rentrant ;

La longueur du cou cylindrique ;

Une démarche chancelante ;

Des mouvements tantôt rapides, tantôt lents ;

Des regards sans assurance;

Des paupières à demi fermées;

Une bouche ouverte;

La largeur des dents, jaunâtres ou verdâtres;

La longueur de la mâchoire, attachée fortement à l'oreille;

La couleur blanchâtre de la chair;

Une chevelure longue, blonde et douce;

Une voix claire et peu sonore.

La douleur physique, les souffrances donnent souvent à la physionomie une expression analogue à celle du génie. Les passions contrariées, les violents chagrins, les fatigues de l'esprit et l'abus des jouissances; tout ce qui remue vivement l'âme, tout ce qui porte coup à la sensibilité, a des effets très remarquables sur la physionomie. Chaque homme a beaucoup de peine à se faire une juste idée de ses propres traits; les femmes elles-mêmes n'y parviennent que très difficilement; cela vient de ce qu'on ne peut voir les mouvements des yeux, par qui la physionomie reçoit sa principale expression.

On peut jusqu'à un certain point juger de la respiration d'une personne d'après son style,

d'après la coupe de ses phrases et sa ponctuation.
Quand nous disons qu'on peut, à l'aide du style,
apprécier la respiration d'un individu, c'est-à-
dire qu'on peut aussi juger les passions qui l'agitent, l'émotion qu'il éprouve; car les vives pensées ont pour effet de remuer le cœur, et la respiration du cœur accélère la respiration et rend
la voix tremblante. Voilà d'où vient le pouvoir
qu'une voix émue est toujours sûre d'exercer sur
nous; elle attire l'attention, elle indique un orateur inspiré, timide ou consciencieux. Les orateurs
froids et médiocres simulent cette émotion vraie,
qui vient du cœur, à l'aide de l'agitation oscila-
toire et saccadée des bras.

La même émotion morale qui hâte la respiration, qui fait palpiter le cœur et rend les mouvements des corps vacillants et incertains, se
continue tant que dure l'inspiration morale, et
quelquefois même longtemps après que l'agitation
de l'esprit a cessé. Voilà pourquoi l'écriture de
nos grands écrivains est généralement si illisible;
et, comme il est écrit que toujours l'incapacité
singera jusqu'aux défauts inséparables du vrai
mérite, voilà pourquoi beaucoup d'hommes mé-

diocres se sont crus engagés d'honneur à graver
en caractères indéchiffrables les stériles pensées
qu'une verve engourdie leur suggérait.

Les affections de la tête produisent des idées
fixes : la domination, l'abrutissement, la légèreté
du jugement, aimer, posséder sans attacher de
prix aux choses.

Les affections des poumons engendrent les
envies, la délicatesse des choses, la sensibilité et
l'irritabilité, l'amour de la vie et la passion du
confortable.

Les affections du cœur produisent les passions
vives et ambitieuses des richesses et des honneurs.

Les affections de l'estomac produisent le dé-
goût de la vie, le désespoir, le suicide et l'anti-
pathie.

Les affections du foie portent à l'abattement
ou à la colère, au suicide et au crime.

Les affections de la rate enfantent la mélancolie, les idées noires, des visions imaginaires.

Les affections des voies urinaires enfantent
tous les désirs imaginables et conduisent à tous
les crimes possibles.

Les affections des intestins ont encore leur
bonne part dans les troubles moraux, parce qu'ils
influencent tous les viscères qui les avoisinent,
les rendent malades et poussent les pensées à
des désordres incalculables.

CHAPITRE II

ÉTUDE ET OBSERVATIONS PRATIQUES
SUR LA PHYSIOGNOMONIE

Lorsque l'on veut examiner parfaitement un visage, on doit le regarder de profil, de face, de trois quarts, sept huitièmes et de haut en bas.

Il ne faut pas examiner la figure entière à la fois, elle gêne et embarrasse l'observateur; mais on doit regarder chaque côté à part, et en faire pour ainsi dire une étude spéciale. Il y a dans

la physionomie quatre parties, dont la première
comprend le crâne, la seconde depuis le front
jusqu'aux sourcils, la troisième depuis les sourcils jusqu'au bas du nez, la quatrième depuis le
bas du nez jusqu'à l'extrémité de l'os du menton.
Plus ces quatre étages sont symétriques, plus on
peut compter sur la justesse de l'esprit et sur la
régularité du caractère en général. Quand il
s'agit d'un visage dont l'organisation est extrêmement forte et extrêmement délicate, le caractère peut être apprécié plus facilement par le
profil que par la face, sans compter que le profil
se prête moins à la dissimulation et offre des
lignes plus rigoureusement prononcées, plus précises, plus simples, plus pures; par conséquent
la signification en est aisée à saisir, au lieu que
souvent les lignes de la face en plein sont assez
difficiles à démêler.

La nature vivante offre les meilleures conditions pour les études physiognomoniques; elles
sont difficiles, et presque toujours donnent lieu
à des erreurs ou à de faux jugements, quand
elles s'appliquent aux portraits à l'huile, à moins
qu'ils n'aient été faits par certains artistes qui
ont excellé dans ce genre de peinture.

PREMIÈRE PARTIE

DU CRANE

Il suffit d'examiner le contour d'un crâne pour apprécier, sinon le degré de son intelligence, du moins le rapport de sa capacité et de ses talents avec d'autres crânes.

On peut obtenir cette évaluation par un calcul mathématique ; ainsi, formez un angle droit par le zénith et la pointe horizontale extrême d'un front en profil, comparez la ligne horizontale et la perpendiculaire, ainsi que le rapport des deux lignes avec leur diagonale, et vous trouverez presque toujours la capacité du front dans la proportion de ces deux lignes.

Le front d'un sot diffère toujours par ses contours du front d'un homme de génie.

Règle générale : le front dont la ligne fondamentale est des deux tiers plus courte que sa hauteur est toujours le front d'un sot ; plus cette

ligne sera courte proportionnellement à sa hauteur perpendiculaire, plus l'homme sera sot.

Plus la ligne horizontale sera longue, plus elle
sera de forme égale avec la diagonale, plus
l'homme aura d'intelligence.

Appliquez l'angle droit d'un cadran sur l'angle
frontal droit : si les rayons de ce cadran, espacés
par exemple de six degrés, viennent à se raccourcir soudainement et en proportions inégales,
vous pouvez mesurer la sottise de l'individu sur
le raccourcissement du rayon. Au contraire, plus
il y aura de rapport proportionnel, plus l'individu
annoncera d'intelligence.

Il y aura une différence essentielle dans les
facultés intellectuelles suivant que l'arc du front,
et principalement le rayon horizontal, en dépas-
sant l'arc du cadran, se prolongera avec lui en
lignes parallèles ou non parallèles.

Les cheveux offrent des indices multipliés du tempérament de l'homme, de son énergie, de sa façon de sentir, et aussi de ses facultés spirituelles. Ils n'admettent point la moindre dissimulation ; ils répondent à notre constitution physique comme les plantes, les fruits, répondent au terroir qui les produit.

Les cheveux longs et plats annoncent toujours la faiblesse de caractère.

Les cheveux noirs, plats, gros, épais et non frisés, dénotent peu d'esprit, mais l'esprit d'ordre et l'amour du travail. Les cheveux blonds appartiennent généralement à des personnes dont le tempérament est délicat et sanguin, flegmatique.

Lorsque les cheveux sont tout à la fois noirs, minces, lisses et plats, ils annoncent la faiblesse des facultés intellectuelles.

On croit généralement que les cheveux roux

marquent une méchanceté extrême; c'est une erreur : ils sont aussi souvent l'indice de la bonté que de la méchanceté.

Méfiez-vous des personnes chez lesquelles vous remarquerez une différence notable entre la couleur de leurs cheveux et celle de leurs sourcils.

Les cheveux crépus marquent un homme de dure conception, surtout si les cheveux sont grossiers et épais.

Ceux qui ont beaucoup de cheveux sur les tempes et sur le front sont grossiers et orgueilleux.

DEUXIÈME PARTIE

DU FRONT

Le front est, de toutes les parties du visage, la plus importante et la plus caractéristique; un physionomiste habile peut, sur l'inspection du front seul, deviner les moindres nuances du caractère d'un homme. Les fronts vus de profil peuvent se réduire à trois classes générales : ils sont ou penchés en arrière, ou perpendiculaires, ou proéminents.

La largeur du front annonce un esprit qui peut embrasser beaucoup d'objets, mais qui manque d'énergie et de constance.

L'homme dont le front est serré, court et compacte, a ordinairement de la fermeté; son esprit est grave et réfléchi, et il est persévérant dans ses projets.

Les contours arqués et sans angles annoncent la douceur et la flexibilité ; les contours droits, la fermeté et la dureté.

Aux fronts proéminents, la faiblesse, la stupidité et l'apathie.

Aux fronts penchés en arrière, la vivacité de l'intelligence, la fécondité de l'imagination et le goût.

Il y a peu d'esprit, de sensibilité, d'imagination, chez les personnes dont le front perpendiculaire, posé en avant, sans être assis sur la racine du nez, est étroit, court et plissé.

Lorsque le frontal orbitaire est arqué d'une manière précise et prononcée, il annonce presque toujours la générosité et la grandeur.

Un front carré, et dont les marges latérales sont très étendues, et le frontal orbitaire solidement constitué, est le signe de la prudence et de la circonspection.

Le penchant à la méditation, au silence et à la solitude est annoncé par une perpendicularité qui se voûte par le haut ; c'est au contraire l'indice du manque total d'intelligence, quand la perpendicularité du front est complète depuis les cheveux jusqu'aux sourcils.

Les gens dont le front est chargé de beaucoup de protubérances anguleuses et noueuses sont actifs, laborieux, prompts, mais aussi entêtés.

Heureux celui dont le front, dans son profil, présente deux arcs proportionnés! il a beaucoup de pénétration, de lucidité d'esprit, et sa complexion robuste lui promet de longs jours.

Des fronts allongés, avec une peau fortement tendue et très unie, et sur lesquels on n'aperçoit, même à l'occasion d'une joie peu commune, aucun pli doucement animé, sont toujours l'indice d'un caractère froid, soupçonneux, caustique, opiniâtre, fâcheux, rempli de prétention, rampant et vindicatif.

Les rides obliques au front, surtout si elles se trouvent parallèles, annoncent un esprit soupçonneux. Si ces rides parallèles sont presque droites, régulières, pas très profondes, elles promettent du jugement, de la sagesse, un esprit net. Un front qui serait bien ridé dans sa moitié supérieure, et sans rides dans sa moitié inférieure serait l'indice de quelque stupidité. Les rides ne se prononcent qu'avec les années ; mais, avant de paraître, elles existent dans la conformation du front ; le travail, quelquefois, les marque dans l'âge tendre.

Il y a au front sept rides ou rides principales, qui le traversent d'une tempe à l'autre. La première ligne est la plus haute, la septième est la plus basse et la plus voisine des sourcils. Si ces lignes sont petites, tortueuses, faibles, elles annoncent un homme débile, dont la vie sera courte. Si elles sont interrompues, brisées, inégales, elles sont l'indice de maladies, de chagrins, de misères. Également marquées, disposées avec grâce, ou prononcées fortement, elles sont l'indice d'une vie douce, et l'assurance d'une vie longue et heureuse. Remarquons cependant que, chez un homme à qui le travail ou des revers ont sillonné le front de rides profondes, on ne peut plus tirer de ce signe les mêmes conséquences ; car alors, ces lignes étant forcées, ce n'est plus que l'indice de la constance.

Quand la première ligne n'est pas marquée, on peut s'attendre à des malheurs que l'on s'attirera par imprudence ; si elle se brise au milieu

du front, c'est une vie agitée; prononcée fortement, c'est une heureuse mémoire, une patience
sage.

La seconde ligne, quand elle est brisée, annonce qu'on fera des sottises; si elle n'est pas
marquée, annonce un esprit faible, inconsé-
quent, qui restera dans la médiocrité; si elle se
prononce bien, on peut espérer les honneurs et
la fortune.

La troisième ligne, brisée, annonce un esprit
inégal; si elle ne paraît point, c'est un homme
doux, timide et modeste; fortement prononcée,
elle annonce l'audace, de la colère, de l'emportement.

Quand la quatrième ligne manque tout à fait,
c'est le signe de l'avarice; brisée et inégale, elle
dénote un bourru maussade et avare, mais qui
a de meilleurs moments; fortement prononcée,
elle annonce de la modération, de l'urbanité, du
savoir-vivre, un penchant à la magnificence.

La cinquième ligne, fortement accentuée, est le
signe d'un homme porté aux plaisirs; brisée et
inégale, cette ligne promet des retours sur soi-

même; si elle n'est pas marquée, la complexion est froide.

La sixième ligne, bien prononcée, annonce de l'imagination, l'inspiration poétique, l'éloquence; brisée, elle n'annonce que l'esprit de conversation et le ton de la société; si elle ne paraît pas du tout, un caractère nul.

La septième ligne, lorsqu'elle est très apparente, indique un tempérament froid, mélancolique; inégale et brisée, elle annonce des moments de gaieté entremêlés de tristesse; si elle manque tout à fait, c'est l'enjouement et la bonne humeur.

Une figure qui aura la forme d'un C, placée au haut du front sur la première ligne, annonce une grande mémoire; ce signe était évident sur le front d'un jeune Corse, dont parle Muret, qui pouvait retenir en un jour et répéter sans efforts dix-huit mille mots barbares qu'il n'entendait pas.

Un C sur la troisième ligne annonce la force du corps. Ce signe était remarquable sur le front du maréchal de Saxe, qui était si robuste, qu'il cassait des barres de fer aussi aisément qu'un paysan ordinaire casse une branche d'arbre ou un bâton de bois blanc.

Un C sur la cinquième ligne annonce de mauvaises affaires. Un C sur la sixième ligne annonce un esprit mal fait, un jugement timbré.

Un C entre les deux sourcils, au-dessous de la septième ligne, annonce un naturel prêt à s'emporter, une humeur vindicative.

Lorsque deux lignes perpendiculaires et parallèles se trouvent sur le front, elles annoncent qu'on se mariera deux fois, trois fois si ces lignes sont au nombre de trois, quatre fois si elles sont au nombre de quatre, et toujours ainsi.

L'homme qui a une croix sur la sixième ligne se consacrera aux lettres et aux sciences.

DES SOURCILS

Il y a dans les sourcils des mouvements qui expriment l'agitation des passions; ces mouvements ont un parfait rapport avec les parties sensitives de l'ame : l'irascible et la concupiscible. Celui qui tend en haut vers le cerveau exprime toutes les passions les plus cruelles et les plus farouches. Il y a deux sortes d'élévation de sourcils : une où le sourcil s'élève par son milieu, et cette élévation exprime des sentiments agréables; lorsque le sourcil s'élève par son milieu, la bouche s'élève par ses côtés et indique des dispositions à la tristesse. Lorsque le sourcil s'abaisse par le milieu, ce mouvement marque une douleur corporelle, et la bouche s'abaisse par ses côtés. Dans les ris, toutes les parties se suivent, car les sourcils, qui s'abaissent vers le milieu du front, font que le nez, la bouche et les yeux suivent le même mouvement.

Les sourcils placés horizontalement et en ligne droite marquent le caractère mâle de l'homme; le caractère plein de modestie d'une jeune vierge appartient presque exclusivement à des sourcils arqués avec simplicité.

La violence des passions ardentes est caractérisée par des sourcils durs et crépus.

Des sourcils épais, dont les poils sont parallèles et comme alignés au moyen d'un cordeau, annoncent la fermeté, la maturité, la pudeur et la loyauté.

Quand les sourcils se joignent, ils dénotent la dissimulation et l'hypocrisie.

On trouve rarement la fermeté chez les personnes dont les sourcils minces et élevés partagent le front en deux parties égales.

Les sourcils rapprochés des yeux dénotent un caractère ferme, un esprit méditatif.

Il y a beaucoup d'ardeur, d'activité et d'imagination chez les personnes dont les sourcils sont anguleux et fortement entrecoupés.

Les sourcils éloignés des yeux sont un signe de légèreté et de mobilité.

Les sourcils blancs annoncent la faiblesse;

des sourcils brun obscur annoncent la fermeté et l'énergie de caractère.

Le mouvement des sourcils est d'une expression infinie ; il sert principalement à marquer les passions ignobles, l'orgueil, la colère, le dédain. Un homme sourcilleux est un être méprisant et maintes fois méprisable.

C'est surtout dans les yeux que se peignent les images de nos secrètes agitations et qu'on peut les reconnaître. L'œil appartient à l'âme plus qu'aucun autre organe ; il semble y toucher et participer à tous ses mouvements. Il en exprime les passions les plus vives et les émotions les plus tumultueuses, comme les mouvements les plus doux et les sentiments les plus délicats ; il les rend dans toute leur force, dans toute leur pureté, tels qu'ils viennent de naître ; il les transmet par des traits rapides, qui portent dans une âme le feu, l'action, l'image de celle d'où ils partent. L'œil reçoit et réfléchit en même temps la lumière de la pensée et la chaleur du sentiment: c'est le sens de l'esprit et la langue de l'intelligence.

Les beaux yeux bleus annoncent la grandeur d'une intelligence élevée, d'un esprit vif et un peu ambitieux ; les yeux bleu clair annoncent un caractère flegmatique.

Les yeux noirs annoncent grandeur, intelligence, caractère volontaire et impérieux.

Les yeux bruns et noirs annoncent plus souvent l'énergie, la fermeté et la profondeur.

Les yeux verdâtres et gris indiquent la vivacité, le courage, les dispositions à la colère et la dissimulation.

Des yeux grands, ouverts, d'une clarté transparente, et dont le feu brille avec une mobilité rapide dans des paupières parallèles, peu larges et fortement dessinées, réunissent ces caractères: une pénétration vive, de l'élégance et du goût, un tempérament colère, de l'orgueil.

Des yeux qui laissent voir la prunelle tout entière, et sous la prunelle encore plus ou moins le blanc, sont dans un état de tension qui n'est pas naturel, ou n'appartiennent qu'à des hommes inquiets, passionnés, à moitié fous ; jamais à des hommes d'un jugement sain, mûr, précis, et qui méritent confiance.

Les gens soupçonneux, emportés, violents, ont souvent les yeux enfoncés dans la tête et la vue longue et étendue. Le fou, l'étourdi, ont souvent les yeux hors de la tête. Le fourbe a, en parlant, les paupières penchées et le regard en dessous. Les gens fins et rusés ont coutume de tenir un œil et quelquefois les deux yeux à demi fermés.

Il est de ces yeux qui, soit par habitude ou maladie, font de légers clignotements; ce sont ceux de personnes insupportables dans la vie habituelle; le caractère brutal ou querelleur domine chez elles.

Quand l'arc inférieur de la paupière supérieure forme un angle plein, c'est l'indice de la douceur, de la délicatesse, et aussi de la faiblesse poussée quelquefois jusqu'à la timidité.

L'homme dont les yeux ouverts, non comprimés, forment des angles allongés, aigus et penchant vers le nez, est presque toujours d'une grande intelligence et d'une pénétration extraordinaire.

Une paupière qui se dessine d'une manière horizontale au-dessus de la pupille et coupe diamétralement la prunelle révèle un jugement grand, une grande sagacité et beaucoup d'adresse, mais de cette adresse qui comporte la loyauté et la franchise.

Les yeux qui, vus de profil, paraissent presque parallèles avec le profil du nez, sans qu'ils soient cependant à fleur de tête et saillants de dessous les paupières, sont presque toujours l'indice d'une organisation faible.

Il y a généralement de la ruse, du penchant à la chicane, et même à l'astuce, chez les gens qui ont de petits yeux noirs, ardents, sous des sourcils noirs et touffus, et qui paraissent s'enfoncer lorsque ces gens-là sourient avec malignité.

Des sourcils peu garnis et minces, des cils longs et arqués, indiquent la faiblesse de la constitution et la mollesse d'un esprit apathique et paresseux.

TROISIÈME PARTIE

DU NEZ

Il est impossible qu'une figure soit laide avec un beau nez. Un beau nez est toujours le signe d'un caractère excellent. Voici les conditions de la beauté parfaite du nez: Il faut que sa longueur soit égale à celle du front; il doit présenter un petit enfoncement auprès de sa racine: le dos ou l'épine, vu de profil, doit être large et offrir deux bords parallèles; cependant cette largeur doit être un peu plus considérable au delà du milieu; il faut que le contour inférieur ne soit ni trop effilé ni trop large, et que le dessin en soit pur et précis; le bout du nez ne doit être ni charnu ni dur; le bas du nez, dans son profil, ne doit pas excéder un tiers de sa longueur; les ailes du nez doivent se présenter de face, d'une manière distincte, et les narines se raccourcir agréablement; il faut que les narines s'arrondissent un peu par derrière et s'amincissent un peu par devant, se courbant avec douceur et se divisant, par le profil de la lèvre inférieure, en deux parties d'une égalité parfaite; les côtés du nez ou de la voûte nasale doivent former des espèces de parois; le nez, joignant bien exactement en haut l'arc du frontal orbitaire, doit avoir un demi-pouce de largeur du côté de l'œil.

Un nez courbé à l'endroit de la racine annonce presque toujours un caractère violent et impérieux.

Un nez en droite ligne dénote le calme, la résignation et la patience.

Un grand nez, surmonté d'un front proéminent et large, séparé par une légère échancrure, est l'indice d'une volonté forte et puissante à poursuivre longtemps la même idée, pour parvenir jusqu'à la puissance.

Un nez rehaussé sous un front haut, mais saillant par le bas, dénote la grossièreté et le penchant à la colère, qui est portée jusqu'aux plus terribles emportements si la lèvre inférieure est fort avancée.

Un nez un peu retroussé par-devant, et légèrement déprimé vers la racine, sous un front plus perpendiculaire que rentrant, est le signe de l'amour du plaisir, de la jalousie et de l'opiniâtreté.

Un nez continu au front, sans aucune dépression, annonce l'amour-propre, la circonspection et la bassesse.

Un nez aquilin annonce le penchant à faire des vers, la bonté, la générosité, l'inclination à l'amour, l'orgueil et l'ambition.

Un nez effilé comme on en rencontre beaucoup chez les tempéraments nerveux, est l'indice d'une grande sensibilité, de beaucoup d'enthousiasme, mais quelquefois aussi celui de la ruse et de la finesse; il est bon de toujours s'en méfier et de se tenir en garde contre ces sortes de nez.

Un nez gros, épaté vers ses ailes et d'un pâle mat, est un mauvais indice; ils est bon de prendre toutes les précautions nécessaires pour ne point en être dupe.

Il est bien difficile que la personne dont le nez est sans linéaments marqués, sans inflexions ou ondulations, puisse se distinguer par quelque talent supérieur.

Un nez penché vers la bouche dénote un caractère disposé à l'hypochondrie, froid, insensible.

De petites narines indiquent presque toujours
la faiblesse et la timidité. S'il y a des deux côtés
du nez plusieurs dépressions que les plus faibles
mouvements mettent en évidence, cela est un
signe de circonspection lente et même quelquefois de disposition à la fourberie.

DES JOUES.

Les joues qui présentent quelques enfonce-
ments, en forme plus ou moins triangulaire, dénotent un caractère curieux et jaloux.

La maigreur des joues rétrécies annonce des
dispositions à la mélancolie et à l'ennui.

Des joues grasses et charnues témoignent d'un
tempérament humide et d'un appétit grossier.

Un léger tressaillement qui agite doucement
vers l'œil une joue naturellement gracieuse
annonce la sensibilité, la délicatesse et la générosité; lorsque le trait qui va de la narine à
l'extrémité de la bouche est arqué et dépourvu
de nuances et d'ondulations, c'est l'indice du
défaut d'intelligence et de la stupidité.

Quand on aperçoit sur la joue d'un homme
qui sourit trois lignes circulaires et parallèles, on
peut en conclure que cet homme est étourdi, incapable de réflexion et disposé à faire des folies.

L'oreille, aussi bien que les autres parties du corps humain, a sa signification déterminée : elle n'admet pas le moindre déguisement ; elle a ses convenances et une analogie particulière avec l'individu auquel elle appartient. Quand le bout de l'oreille est dégagé, c'est un bon augure pour les facultés intellectuelles. Les oreilles larges et dépliées annoncent l'effronterie, la vanité, la faiblesse du jugement. Les oreilles grandes, grosses, marquent un homme simple, grossier, stupide. Les oreilles petites dénotent la timidité. Les oreilles trop repliées et entourées d'un bourrelet mal dessiné n'annoncent rien de bon, quant à l'esprit et aux talents.

Une oreille moyenne, d'un contour bien arrondi, ni trop épaisse ni excessivement mince, ne se trouve guère que chez les personnes spirituelles, judicieuses, sages et distinguées.

Les oreilles aplaties n'appartiennent qu'à des êtres sans raisonnement, d'un jugement nul et stupide.

QUATRIÈME PARTIE

DE LA BOUCHE

Une bouche resserrée et qui laisse à peine apercevoir les lèvres annonce l'ordre, l'activité, la propreté, le sang-froid et l'exactitude.

Une bouche ouverte dénote des dispositions à la mélancolie ; une bouche fermée est le signe de la résignation.

Une bouche bien close, mais sans affectation, indique le courage et la fermeté.

Une bouche qui a deux fois la largeur de l'œil à partir de son extrémité ver le nez jusqu'à l'extrémité inférieure de l'orbite, en mesurant toutefois les deux largeurs sur le même plan, dénote l'imbécillité.

Il n'y a guère que les avares qui, en naissant, joignent la ruse à l'activité, la dureté à la politesse ; qui aient une bouche en quelque sorte sans lèvres, dont la ligne moyenne est fortement dessinée.

Une petite bouche mince, placée sous des narines de petite apparence et sous un front dont l'arc est circulaire, est le signe de la faiblesse et de la timidité, et d'une élocution difficile.

Une bouche grande, avec des lèvres minces, est le signe certain d'un caractère médisant et enclin au mensonge.

DES LÈVRES

C'est un signe de méchanceté ou de folie que la disproportion entre la lèvre supérieure et la lèvre inférieure.

La personne dont les lèvres dessinées avec précision se serrent doucement et sans nul effort est ferme, prudente et circonspecte, dans une juste mesure.

De grosses lèvres sont toujours le signe de la nonchalance, de la gourmandise et de la sensualité.

Des lèvres rognées et d'un dessin sévère annoncent un esprit inquiet et des penchants à l'avarice presque sordide.

Une lèvre inférieure qui présente une espèce de dépression ou de creux au milieu est l'indice de l'enjouement et de la bonne humeur.

Quand une lèvre supérieure est doucement suspendue sur l'inférieure et la déborde, c'est un signe de bonté.

Croyez à l'imbécillité, ou à la grossièreté, ou à la malice, ou à l'avarice de la personne dont la lèvre inférieure, vue de profil avec les dents, s'avance horizontalement de la moitié de la largeur de la bouche.

L'abaissement visible et en sens oblique des extrémités des lèvres dénote du penchant au mépris et l'insensibilité du cœur.

DES DENTS

Les dents petites et courtes sont un signe de constitution faible. De longues dents sont un signe de timidité. Les dents blanches, propres et bien rangées, qui, au moment où la bouche s'ouvre, paraissant s'avancer sans déborder, et qui ne se montrent pas toujours entièrement à découvert, annoncent dans l'homme fait un esprit doux et poli, un cœur bon et honnête. Ce n'est pas qu'on ne puisse avoir un caractère bon, honnête et très-estimable, avec des dents gâtées, laides ou inégales ; mais ce dérangement physique provient la plupart du temps de maladie ou de quelque mélange d'imperfection morale. Celui qui a les dents inégales est envieux ; les dents grosses, larges et fortes, sont la marque d'un tempérament fort et promettent une longue vie.

Un menton pointu est presque toujours regardé comme l'indice de la finesse et de la ruse.

Il est rare que la personne dont le menton est angulaire n'unisse pas la prudence à la fermeté et à l'adresse.

Un menton plat dénote un esprit froid et un tempérament sec.

Un menton gras, mou et double, est le signe de la sensibilité et de la gourmandise.

La petitesse du menton marque la timidité et la faiblesse.

Il est difficile qu'une personne dont le menton est rond et pourvu d'une fossette ne soit pas bonne.

Un menton un peu rentrant ou coupé au milieu, et dont la partie inférieure est un peu saillante, n'appartient guère qu'à un homme doué d'une grande prudence.

Quand le menton est long, large et lourd dans sa partie osseuse, il dénote la grossièreté, l'orgueil, la dureté et la violence.

Cet entre-deux de la tête et de la poitrine, qui tient de l'une et de l'autre, est significatif comme tout ce qui a rapport à l'homme. Nous connaissons certaines espèces de goître qui sont le signe infaillible de la stupidité, tandis qu'un cou bien proportionné est une recommandation irrécusable pour la solidité du caractère. Le cou long et la tête haute sont quelquefois le signe de l'orgueil et de la vanité. Un cou raisonnablement épais et un peu court ne s'associe guère à la tête d'un fat ou d'un sot. Ceux qui ont le cou mince et allongé sont timides, et ceux qui ont le cou court et épais sont enclins à la colère ou à l'apathie.

DE LA BARBE

Une barbe fournie et bien rangée annonce un homme d'un bon naturel et d'un tempérament raisonnable. Celui qui à la barbe claire et mal disposée tient plus du naturel et des inclinations de la femme que de celles de l'homme. Si la couleur de la barbe diffère de celle des cheveux, elle n'annonce rien de bon. De même, un contraste frappant entre la couleur de la chevelure et la couleur des sourcils peut inspirer quelque défiance.

CINQUIÈME PARTIE

DES ÉPAULES, DE LA POITRINE ET DES JAMBES

Tout le monde sait que les épaules larges, qui descendent insensiblement et qui ne remontent pas en pointe, sont un signe de santé et de force. Des épaules de travers influent ordinairement aussi sur la délicatesse de la complexion ; mais on dirait qu'elles favorisent la finesse et l'activité de l'esprit, l'amour de l'exactitude et de l'ordre. Une poitrine large et carrée, ni trop convexe, ni trop concave, suppose toujours des épaules bien constituées, et fournit les mêmes indices.

Une poitrine plate et pour ainsi dire creuse dénote la faiblesse du tempérament.

Une poitrine fortement enfoncée indique la ruse, l'apathie et la médisance.

Un ventre gros et proéminent incline bien plus à la sensualité et à la paresse qu'un ventre plat et rétréci.

On doit attendre plus d'énergie et d'activité, plus de flexibilité et de finesse, d'un tempérament sec que d'un corps surchargé d'embonpoint. Il se trouve cependant des gens d'une taille effilée qui sont excessivement lents et paresseux ; mais alors le caractère de leur indolence reparaît dans le bas du visage. Les gens d'un mérite supérieur ont ordinairement les cuisses maigres. Les pieds plats s'associent rarement avec le génie.

Chez une femme, un signe à la jambe droite indique la bonté, à la jambe gauche la fécondité.

Les signes placés à la partie droite du corps passent généralement pour des indices défavorables ; c'est le contraire si ces signes se trouvent à la partie gauche.

CHAPITRE III

DES MAINS

Le nombre infini de fibres qui se réunissent, forme sur la surface du corps humain, l'organe du TOUCHER. Elles composent trois membranes nommées *épiderme* (surpeau, cuticule) *rilivale* et *peau*. Leur ébranlement transmis au *sensorium* (cerveau) par les nerfs, y produit ces deux grands mobiles de la vie : *plaisir* ou *douleur*.

L'organe du toucher, dont jouissent les cinq

sens, réside particulièrement dans la main, comme étant la partie du corps la plus flexible et celle qui se prête le mieux aux divers caprices de la volonté. S'il était possible d'en augmenter les articulations, c'est-à-dire le nombre des doigts, nul doute qu'on ajouterait, dans la proportion, à la puissance du sentiment.

Les fonctions de la main sont presque universelles. Ce principal agent du cinquième sens (le *tact*) est supérieur à tous ceux que l'on a inventés : la main palpe et mesure les corps les plus volumineux comme les plus minimes ; elle analyse, modèle, confectionne, transforme tout ce qui existe ; crée tout ce que le génie lui suggère ; entretient la vie, prépare l'aliment qu'elle porte à la bouche ; protège, défend contre les obstacles ; sert de guide dans l'obscurité, fait connaître l'état réel et la propriété des corps : forme, étendue, résistance, température, etc., d'où naissent les autres connaissances. Messagère toujours active de l'intelligence, la main est le partage exclusif de l'homme. Beaucoup d'animaux lui sont supérieurs pour la vue, l'ouïe, l'odorat et le goût ; le toucher de l'homme les efface tous par sa perfection, puisqu'il leur est consécutif et qu'il rectifie leurs erreurs; nous touchons, parce que nous avons vu, entendu, senti et goûté les objets.

Le toucher est volontaire, il suppose une réflexion dans celui qui l'exerce; les autres sens n'en exigent aucune; les sons, la lumière, les odeurs frappent les organes respectifs sans qu'on s'y attende, tandis qu'on ne touche rien sans un acte de volonté. Le toucher est le géomètre de l'esprit, le sens de la raison; la main permet à l'esprit de se *solidifier*, en détachant notre être de tout ce qui l'entoure; elle creuse l'espace, établit l'étendue, mesure la distance, exerce tous les arts, réalise toutes les matières du globe, dont elle nous fait connaître l'étendue et met à même d'en parcourir l'espace.

Les formes de la main varient suivant les rapports, les analogies et les modifications, dont elle est susceptible, de ses dimensions et de ses contours, de sa mobilité; enfin, de tous les signes spéciaux qui la caractérisent résultent des différences sensibles et des nuances distinctes, qui ne sauraient échapper à l'observation.

Les mains peuvent être divisées en sept catégories, lesquelles sont assez distinctes entre elles, par les formes qui leur sont propres, pour être clairement décrites : 1° la main élémentaire, ou *à grande paume*; 2° la main nécessaire, ou *en spatule*; 3° la main artistique, ou *conique*; 4° la main utile, ou *carrée*; 5° la main philosophique, ou *noueuse*; 6° la main psychique, ou *pointue*; 7° la main *mixte*.

Ces types ne peuvent s'altérer et se modifier que jusqu'à un certain point. Une force secrète, celle qui maintient l'harmonie du monde, les ramène sans cesse à leur pureté première.

Les mains ÉLÉMENTAIRES ou A GROSSE PAUME ont les doigts gros et dénués de souplesse, le pouce tronqué, souvent retroussé, les paumes d'une ampleur, d'une épaisseur et d'une dureté excessives.

Aux mains élémentaires, le labourage, le soin des étables et la longue suite des travaux grossiers, auxquels suffisent les confuses lumières de l'instinct. A elles la guerre, en tant qu'il ne s'agit que de prouesses personnelles; à elles la colonisation, en tant qu'il ne s'agit que d'arroser machinalement de sa sueur un sol étranger. Enfermées dans le monde matériel, elles ne se rattachent guère à l'ensemble politique par l'élément physique. Les convictions se forment en elles, dans une sphère inaccessible au raisonnement, et leurs vertus tiennent le plus souvent à des facultés négatives. L'usage les gouverne, et elles ont plus d'habitudes que de passions.

Étrangères à tout entraînement, les personnes à mains élémentaires ont des sens lourds et paresseux, une imagination lente, une âme inerte, une insouciance profonde.

Les mains NÉCESSAIRES, ou EN SPATULE, sont grosses, sèches et pointues ; les pouces grands, la troisième phalange de chaque doigt en forme d'une spatule plus ou moins évasée. Les mains en spatule ont pour combattre les obstacles physiques des ressources dont beaucoup d'autres mains sont privées. La confiance qu'ont en eux-mêmes les hommes spatulés est extrême; l'abondance est leur but. Ils possèdent l'instinct et, au plus haut degré, le sentiment de la vie positive, et ils règnent par l'intelligence naturelle qu'ils en ont sur le monde des choses et des intérêts matériels. Voués au travail manuel, à l'action, et doués par conséquent de sens plus actifs que délicats, la constance en amour leur est plus facile qu'aux cœurs tournés vers la poésie et qu'influence, plus que le devoir de l'habitude, l'attrait charmant de la jeunesse et de la beauté.

Avec des doigts lisses, les mains spatulées aiment l'élégance dans le confort; mais l'élégance selon la mode plutôt que selon l'art. A peu près insensibles à l'art et à la poésie, elles ne portent en elles que peu de germes de mobilité morale. Elles ne tiennent guère au sol que pour les biens matériels qu'il produit. Le travail manuel leur plaît, loin de leur être antipathique, et il en est de même de l'action. Elles fournissent plus de gourmands que de gourmets, plus d'époux fidèles que de galants sigisbés, plus de frères Jean que de Panurges. Leur passion pour la locomotion les rend insensibles, au moins relativement aux ennuis de l'expatriation. Elles ne redoutent nullement la solitude. Enfin elles sont aptes aux sciences qui s'arrêtent au nécessaire physique et ne prennent dans la vie que ce qu'elle a d'immobile et de constant.

Les mains ARTISTIQUES ou CONIQUES ont un

petit pouce, une paume assez développée et des
doigts volumineux à leur première phalange, qui
vont en s'amincissant jusqu'à l'extrémité, laquelle
offre la forme d'un cône plus ou moins obtus.
Quiconque aura la main ainsi faite s'attachera
d'instinct, et sans que la réflexion y soit pour
rien, au côté pittoresque des idées et des choses.
La forme le dominera à l'exclusion du fond. Il
préférera ce qui plaît à ce qui « paist », comme
dit Montaigne. Il ne concevra guère la vérité sous
la beauté. Avide de loisir, de nouveauté ; tout à la
fois ardent et timide, humble et vain, il aura plus
de fougue et d'élan que de force et de puissance.
Il passera sans transition de l'exaltation à l'a-
battement. Inhabile au commandement, et encore
moins capable d'obéissance, l'attraction lui sem-
blera être un guide plus sûr que le devoir. Enclin
à l'enthousiasme, il aura besoin d'épanchements,
et la mobilité de son esprit lui rendra pesante la
vie domestique et régulière. Enfin il aura plus
de sentiments que d'idées, plus de couleurs que
de trait. Il sera léger de caractère, il aura de la
naïveté et de l'abandon, une imagination de feu
et trop souvent un cœur de glace.

C'est parmi les organisations artistiques qu'on trouve le plus d'individus n'ayant que les défauts de leur type; or ces défauts sont : la sensualité, la singularité, le cynisme, l'esprit de dissipation, l'amour du gain, le penchant à l'exagération.

Les MAINS UTILES, ou CARRÉES, sont de dimension moyenne, plutôt grandes néanmoins que petites; doigts noueux, les phalanges extérieures carrées, c'est-à-dire dont les deux côtés se prolongent parallèlement. Il ne faut pas tenir compte de la courbe qui termine presque toujours les doigts, les pouces grands, avec une racine développée, les paumes moyennes, creuses et assez fermes. Organiser, classer, régulariser, symétriser : telle est la mission, tel est le mandat des mains utiles. Elles ne conçoivent ni le beau ni le vrai hors des limites de la théorie et du convenu. Elles ont pour les similitudes et les homogénéités le goût que les mains coniques ont pour les contrastes. Elle savent en quoi les choses qui diffèrent se ressemblent. Elles confondent volontairement la discipline avec la civilisation, c'est-à-dire l'ordre obligé avec l'ordre consenti. Elles sentent durement, ou du moins sévèrement; rangeant tout au devoir, tendant à l'unité, assujettissant les pensées à la pensée, les hommes à l'homme, et ne tolérant des mouvements de l'âme, de l'esprit et du cœur, que ceux que la raison accepte et permet.

Une loi, entre autres, leur est chère : celle de la continuité, et c'est surtout par là, c'est-à-dire par la tradition, la transmission, que leur expansion a lieu. Ces intelligences, d'ailleurs rigoureuses, n'ont point d'ailes; elles peuvent s'étendre et ne sauraient s'élever. Elles chaussent les bottes de sept lieues; mais le char brûlant d'Elie n'est point à leur usage. La terre est leur unique domaine. L'homme dans la vie sociale, leurs regards ne vont pas plus loin. Elles ne savent du monde des idées que ce que l'œil nu sait du firmament, toujours prêtes, d'ailleurs, à nier ce qu'elles ne peuvent ni sentir ni comprendre, et à donner pour bornes à la nature celles de leur compréhension.

Plutôt bourgeois que citoyens, les hommes à phalanges carrées s'accommodent mieux des priviléges que de la liberté. L'autorité est au fond de tous leurs instincts, celle du rang, celle du sang, celle de la loi, celle de l'usage; ils veulent sentir et faire sentir le frein.

Les mains PHILOSOPHIQUES ou NOUEUSES, ont les paumes assez grandes et élastiques, des nœuds dans les doigts; les phalanges extérieures quasi-carrées, quasi-coniques, et formant, à cause du deuxième nœud, une sorte de spatule ovoïde; les pouces grands et indiquant autant de logique que de décision, c'est-à-dire formés de deux phalanges de longueur égale ou à peu près. Par les nœuds, les mains philosophiques ont le calcul, les déductions plus ou moins rigoureuses, la méthode; par la phalange quasi-conique, elles ont l'intuition d'une poésie relative, et par l'ensemble, le pouce compris bien entendu, l'instinct de la métaphysique. Elles plongent dans le monde extérieur et dans le monde intérieur; mais elles y cherchent moins la beauté que la vérité, moins la forme que l'essence. Plus que toutes les autres, elles se montrent avides de l'enthousiasme sévère qu'épanche l'urne intarissable des hautes sciences morales, expérimentales, philosophiques (selon le sensualisme) et esthétiques.

Celui qui a la main philosophique éprouve le

besoin de se rendre compte de ses sensations. Le secret de son être l'occupe, ainsi que celui de l'origine des choses. Ses croyances, ses idées, ses opinions, il ne les a point adoptées sur la foi d'autrui, mais seulement après les avoir examinées à fond et sous toutes leurs faces. La raison lui semble un guide plus sûr que l'instinct, que la foi même, que l'amour. C'est à cette faculté, selon lui, et non à l'usage, et non au culte, et non à la loi, à tout consacrer. Il pense, comme Socrate, que ce qui la blesse, blesse l'humanité dans ce qu'elle a de plus saint et de meilleur. Au-dessus du prêtre propagateur il place le philosophe, apôtre de la morale, laquelle rallie les hommes et leur fait un devoir de s'entr'aimer. Il croit que nous sommes condamnés au doute comme à la mort, et le doute, pas plus que l'idée de la mort, n'altère sa sérénité. Il procède par l'analyse, mais il tend à la synthèse. Il se préoccupe du détail et de l'ensemble, de l'homme et des hommes, de l'atome et de l'univers; en un mot, de l'exception et de la généralité. L'ordre, que dans le monde matériel d'autres ont vu dans la symétrie, il le voit dans les

affinités. Il prétend à la liberté, parce qu'il sent
que Dieu lui a donné l'intelligence du juste et
de l'injuste. Il ignore les vains scrupules, les
terreurs superstitieuses, et use de tous les plaisirs avec modération.

Les mains philosophiques, comme celles appartenant aux autres types, existent dans toutes les
classes de la société ; seulement le génie qu'elles
comportent avorte ou ne se manifeste que très
imparfaitement parmi les personnes que leur mauvaise fortune enchaîne à des travaux grossiers.

La philosophie des mains en spatule et utiles
se propose les faits, les idées pratiques, les choses, la politique, etc.; celle des mains coniques
et pointues se propose les croyances, les idées
spéculatives, l'art. Les mains à nœuds, quasi-
carrées, quasi-coniques, ont l'éclectisme. Très
grandes, ces mains tendent à l'analyse; très petites, elles tendent à la synthèse. Avec un petit
pouce, elles pensent par le cœur; avec un grand
pouce, elles pensent par la tête.

LES MAINS PSYCHIQUES OU POINTUES sont, de
toutes, les plus belles, et les plus rares aussi
par conséquent, car la rareté est une des condi-

tions de la beauté. Elles sont petites et fines relativement à la personne. Paumes moyennes,
les doigts sans nœuds et très-modiquement on-
dulés; les phalanges extérieures longues et effi-
lées; les pouces élégants et petits. Grandes et
avec des nœuds, elles ont la forme de la combinaison, mais elles manquent de naïveté.

Les personnes à mains psychiques sont dé-
daigneuses, dans la haute sphère où les retient
le génie qui les anime, des intérêts matériels.
Toutefois leur intervention n'a jamais manqué
quand les drames humains, amenés à leur dernière péripétie, ont eu besoin d'une force quasi-
divine pour être dénoués. Prises en masse, ces
mains aiment les grandes luttes et dédaignent
les petites. Au plus fort du sensualisme grec,
elles se résument dans Platon; aux bibliques
champions de la terreur et de la forme, elles
opposent Fénelon, l'évangélique apôtre de l'essence et de l'amour. Enfin on les a vues de nos
jours, à l'aide de Chàteaubriand, de Benjamin
Constant, de Mᵐᵉ de Staël, tenir en échec le
matérialisme.

Le type psychique, rare partout, existe néanmoins partout, et jusque dans les classes les plus abjectes, où il végète s'ignorant lui-même, incompris et dédaigné à cause de son inaptitude relative aux travaux manuels.

L'œuvre où l'idéalité manque, où l'amour ou Dieu font défaut, où l'âme n'est pas intéressée, n'est pour les personnes à mains psychiques qu'une œuvre morte. Elles ne tiennent à la forme que dans le domaine de l'art. Ailleurs elles ne sauraient s'en préoccuper, convaincues qu'elles sont que ni la civilisation n'est la conséquence absolue de tel ou tel culte, ni la liberté la conséquence absolue de la forme démocratique, ni l'esclavage la conséquence absolue de la forme autocratique. A leurs yeux, la foi religieuse est un fait aussi réel que la certitude rationnelle ; aussi excusent-elles, si même elles n'acceptent, les bizarreries de tous les cultes. Dans les monarchies elles voient le beau, dans les républiques elles voient le bon, et l'Orient rêveur, immobile et silencieux comme le désert, préoccupé du ciel et gouverné par un seul, leur semble aussi sage et aussi heureux que l'Occident orageux, réglé et retentissant comme l'Océan préoccupé de la terre et gouverné par tous.

Les mains psychiques règnent en souveraines,
sinon sur les grands esprits, du moins sur les
plus nobles cœurs. Elles nous ont donné la haute
épopée, le roman psychologique, la poésie intime, l'ode à la voix inspirée, au vol ardent, aux
ailes colorées. Leur influence sur les masses a
été immense ; elles leur ont rendu l'enthousiasme, que le philosophisme analytique avait tué.
A leurs yeux, prévenues par les turpitudes du
sanctuaire, elles ont réhabilité Dieu. On leur
avait parlé de la nécessité de l'abnégation : elles
leur en ont dit les charmes pour les attirer dans
leurs voies ; elles les ont ornées de fleurs, d'une
poésie quasi-divine ; comme les pins sonores
des cimes alpestres, elles ont versé à flots l'ombre bienfaitrice et l'harmonie pour être goûtées
par les intelligents ; elles ont pris la lyre pour
être comprises par les simples ; elles ont plié le
jet abondant de leur parole aux formes les plus
naïves.

Les MAINS MIXTES sont celles dont les lignes
indécises semblent appartenir à deux types différents. Ainsi une main est mixte si, étant en
spatule, par exemple, la forme en est si peu

marquée, qu'on puisse s'y méprendre et n'y voir que des phalanges carrées. Une main élémentaire conique peut être prise pour une main artistique; une main artistique peut-être prise pour une main psychique, et réciproquement; une main philosophique peut être prise pour une main utile, et réciproquement. L'intelligence que représente une main mixte participe de l'intelligence attachée à chacun des deux types que sa forme rappelle.

C'est aux mains mixtes qu'appartient l'intelligence des œuvres mixtes, des idées intermédiaires, des sciences qui ne sont pas des sciences, comme l'administration et le commerce; des arts qui ne relèvent pas de la poésie, des beautés, des vérités relatives, de l'industrie. Elles n'excellent néanmoins dans aucune chose. Une grande insouciance morale est leur partage. La main de race au contraire est, dans chaque type, le vase saint où Dieu a déposé le germe impérissable destiné à renouveler ou révéler tout art, toute science jusqu'ici ignorés ou depuis longtemps perdus.

Sans les mains mixtes, c'est-à-dire sans le gé-

nie mixte qui leur est propre, la société, dé-
pouillée de nuances et d'alcalis moraux, pour
rapprocher les acides et les amalgamer en les
modifiant, ne procéderait que par luttes et sou-
bresauts.

Les entraînements de chaque type, parmi les
femmes, sont les mêmes que parmi les hommes;
seulement ceux qui sont propres aux types en
spatule et carrés sont beaucoup moins impérieux
et intenses chez elles, attendu la mollesse de
leurs fibres, que chez l'homme. Sur 100 femmes,
en France, on estime que 40 appartiennent au
type conique, 30 au type carré et 30 au type en
spatule. Ces deux derniers types, dont la branche gourmande est l'esprit, pèsent sur le premier, dont la branche gourmande est l'imagination.

L'homme crée, la femme développe; à l'homme
le principe, à elles la forme; l'homme fait les
lois, elles font les mœurs.

L'homme est plus vrai que la femme, mais
elle est meilleure que lui. L'homme est l'esprit
de la femme, la femme est l'âme de l'homme:
donc l'homme vit par la cervelle et la femme

par le cœur. L'homme est plus sensuel, la femme est plus sensible. Leurs sentiments les trompent moins que le raisonnement de l'homme. L'homme a la réflexion et sait ce qui s'apprend, la femme a l'intuition et sait ce qui se devine.

L'Europe, où elles sont libres et qu'elles remplissent de rayon et de mouvement, leur doit ces trois belles choses, les bonnes mœurs, la liberté, l'opulence ; tandis que l'Asie, où elles sont esclaves, croupit dans l'inertie et se dissout dans la misère, le despotisme et l'amour infâme.

Peu de femmes ont les doigts noueux, peu de femmes aussi sont douées de l'esprit de combinaison. En fait de travaux intellectuels, elles choisissent généralement ceux qui demandent plus de tact que de science, plus de vivacité, de conception que de force, plus d'imagination que de jugement. Il en serait autrement si elles avaient les doigts noueux ; mais alors elles seraient moins impressionnables, moins livrées aux inspirations de la fantaisie ; et, de même que les qualités enivrantes du vin sont neutralisées par l'eau, les leurs le seraient par la raison.

Les femmes à mains spatulées, à petit pouce,

se distinguent par un grand fond de franchise
affectueuse, par un besoin impérieux d'action,
par l'intelligence de la vie réelle.

Les femmes à mains et à phalanges carrées
et à petit pouce ont de l'ordre, de l'arrangement,
de la symétrie, de la ponctualité; mais, si la
main a un grand pouce, c'est le despotisme en
jupe, à voix acariâtre et au regard vigilant.

Les femmes à mains ayant la paume forte, les
doigts coniques et un petit pouce, aiment ce qui
brille, et la rhétorique a plus d'empire sur leur
esprit que la logique. Trois choses les gouver-
nent: la paresse, la fantaisie, la sensualité.

Les mains molles, souples, presque sans chair,
mais roses néanmoins, et avec des nœuds, aiment
les mots brillants et qui, comme l'éclair, jettent
une lumière vive et soudaine; elles brillent par
l'esprit.

Les doigts délicats, lisses et pointus, dans les
femmes à petit pouce, quand une paume étroite
et élastique, sans mollesse, leur sert de tige, si-
gnalent le goût des plaisirs, où le cœur et l'âme ont
plus de part que les sens et l'esprit; un mélange
charmant d'exaltation et d'indolence, un secret

éloignement pour les réalités de la vie, pour les devoirs convenus; plus de piété que de dévotion. Ces caractères, tout à la fois calmes et radieux, puisent leur souveraine influence dans l'inspiration et la grâce. Le bon sens, qui de tous les genres d'esprit est le plus fécond, mais non le plus relevé, leur plaît moins que le génie.

Les femmes dont les mains portent de grands pouces sont plus intelligentes que sensibles, et l'amour, sous leur tutelle éclairée, atteint son but sans scandale. Leurs passions ont plus de racines dans leurs sens que dans leur cœur. Laissez-les faire et fiez-vous à leur adresse, en temps elles viendront en aide à votre timidité, non qu'elles sympathisent beaucoup à vos tourments, mais dans l'intérêt de leurs plaisirs. D'ailleurs la sécurité et toutes les grâces de leur esprit ajouteront aux délices de leur possession.

Les femmes dont les mains portent de petits pouces sont plus sensibles qu'intelligentes. Aimer, c'est là toute leur science; mais tel est le charme attaché à cette faculté puissante, qu'il n'est point de séduction qui l'égale.

Quoique la main ne semble pas offrir l'impor-

6

tance du crâne, elle est cependant comme lui, une sorte de registre ou sont tracées les diverses péripéties de la vie. Les lignes nombreuses qui sillonnent sa paume sont autant d'hiéroglyphes qui, joints à sa forme et à celle des doigts, indiquent la destinée humaine et les penchants bons ou vicieux qu'il faut cultiver ou combattre. C'est un livre *originel* dont la lecture devrait être apprise en même temps que la lecture vulgaire. Plus simple que celle-ci, elle ne lui cède pas en utilité, car elle avertirait l'adolescent sur sa destinée d'après ses penchants *écrits*, ainsi que sur les liaisons qu'il lui serait utile ou dangereux de faire avec telles personnes qui lui tendront la main et qu'il ne faudrait presser qu'avec connaissance de cause.

On lit dans le livre de *Job*, écrit 1800 ans avant notre être et 200 ans avant Moïse : « Dieu met alors comme un *sceau* sur la main de tous les hommes, afin que tous les mortels, qu'il emploie comme ses ouvriers connaissent leur dépendance. »

C'est une vérité, reconnue depuis longtemps, que la main diffère selon la classe professionnelle des individus et qu'elle se transmet ainsi pendant plusieurs générations ; un avocat ou un médecin, fils d'un laboureur ou d'un artisan, portera la main de son père et la transmettra, *légèrement modifiée*, à son fils et ainsi de suite. La main est donc le signe caractéristique de la race et sert merveilleusement la science des pronostics. Elle était dans l'antiquité, un lien d'union et d'amitié. Il fut transmis par les gnostiques, admis par les Anglais, et il ne peut que se perpétuer partout parce que la main est un symbole de l'avenir. Une poignée de main exprime la confiance, l'espoir que l'on place dans la personne qui la reçoit ; c'est ainsi que, pour indiquer l'union intime, indissoluble du mariage, on dit d'une jeune fille, qu'elle a *donné sa main*, qu'elle s'est unie pour toujours.

Deux mains unies et grippées, symbolisent la *bonne foi*. Chacun profite des services incessants que la main procure sans en apprécier le mérite infini. La main commande, accuse, appelle, renvoie, approuve, désapprouve, affirme, nie, accueille et repousse ; elle est l'auxiliaire du prédicateur à la chair, de l'orateur à la tribune, de l'avocat au barreau, chez lesquels elle double la puissance d'émouvoir, mais le plus noble de ses priviléges est son mouvement de supplication vers le ciel, pour adresser nos vœux au Créateur des mondes.

Lavater, à la fin du dernier siècle, en même temps qu'il jugeait les hommes par la physionomie, les jugeait aussi par leur écriture.

Le plus ancien document que l'on possède, où il soit question de juger les hommes d'après leur écriture, est un passage du célèbre Shakespeare. On lit dans ses œuvres : « Donnez-moi de l'écriture d'une femme, je vous dirai son caractère. »

Une grande dame de la cour de Louis XIV, ayant montré, l'écriture du roi à un homme qui possédait l'art de juger les hommes sur les écritures, celui-ci, qui ignorait complétement que ce fut l'écriture du roi porta, sur le caractère du monarque un jugement que la dame fut obligée de reconnaître d'une grande justesse quoique très sévère.

De nos jours, plusieurs personnes se sont appliquées avec succès à connaître les hommes d'après leur écriture. L'illustre Georges Sand possède ce talent à un degré merveilleux; et le journal de *la Graphologie,* du 6 janvier 1872, qui paraît à Paris sous la direction de M. l'abbé Jean-Hippolyte Michon, auteur d'un *traité pratique de Graphologie,* ouvrage très remarquable, a publié d'elle un travail de ce genre tout-à-fait distingué.

M. l'abbé Jean-Hippolyte Michon a eu la gloire de nos jours d'élever la *Graphologie,* par des principes, par des règles précises, par une méthode, à l'état de vraie science pratique, à la portée de tous. Arrachant la Graphologie à la conjecture, il l'a amenée à son état de science raisonnée, ayant ses principes, ses lois, sa classification. Depuis plusieurs années, dans des conférences publiques, et au moyen d'une correspondance avec tous les grands centres intellectuels de l'Europe, il donne la preuve permanente de la vérité de sa méthode. Il expérimente avec des écritures de personnes, qui sont à plusieurs centaines de lieues de lui, dont souvent même il n'a pas le nom. On peut lui écrire dans une langue dont il ne sait pas un mot; et le portrait intellectuel et moral, détaillé jusque dans les nuances, qu'il fait de la nature intime de la personne qui a écrit la lettre est d'une exactitude si rigoureuse, qu'elle est une véritable photographie de l'âme, ayant, pour le caractère de la personne jugée par lui, la même justesse que la photographie physique qui rend les traits du visage comme le fait un miroir.

Chaque portrait a quatre pages d'étendue, et embrasse les facultés, les instincts, la nature, le caractère, l'esprit, les aptitudes, les goûts et les passions de la personne qui a écrit.

Le Consul général de France à Trieste, envoie à M. Michon, un petit autographe de quelques lignes d'Hébreu, écrites par un savant juif de Trieste. Le Graphologiste fait un portrait si rigoureusement exact de la nature intime, intellectuelle et morale de ce savant, que ce dernier lui répond en italien :

« La vérité des choses que vous avez décrites « sur mon caractère, m'a vivement surpris et « émerveillé, comme l'ont été tous les membres « de ma famille et mes plus intimes amis aux- « quels j'ai communiqué votre écrit, au point

« que plusieurs n'ont pas voulu croire que vous
« ne me connaissiez pas depuis longtemps ou
« que vous n'eussiez pas été informé de toutes
« mes qualités par quelqu'un des miens qui
« m'eût connu intimement. C'est dire qu'en
« somme c'est une révélation éclatante pour moi,
« qui ne m'étais jamais rendu compte de cer-
« taines particularités de mon caractère, et que
« je trouve là précisées. Pour tout dire, ce por-
« trait que vous avez fait est merveilleux.

« Docteur FORMIGGINI. »

C'est par centaines que M. Michon reçoit des
lettres où la même chose lui est dite en termes
différents.

On lui écrit de Lausanne : « Le portrait que
« vous avez fait de mon caractère est tracé
« de *main de maître*. Il n'y a qu'une
« voix à cet égard parmi ceux à qui je l'ai lu.
« J'ai admiré le courage avec lequel vous avan-
« ciez des choses qui, si elles n'avaient pas été
« fondées, auraient étrangement compromis votre
« système. Ce fut un vrai triomphe graphologi-
« que que la photographie si exacte, *jusque dans*
« *les moindres détails*, que vous faites de mon
« caractère. — A. de R. »

Les plus incrédules s'avouent vaincus.

On lui écrit de Lyon: « J'ai assisté à une de
« vos conférences au Palais St-Pierre. Adieu
« mon incrédulité. Je suis forcé d'avouer votre
« sagacité à mon égard. »

On lui écrit de Lonjumeau: « J'ai reçu mon
« portrait graphologique. J'ai cherché, si je n'y
« trouverais pas quelques assertions erronées.
« J'ai été vaincu. Votre travail est de la plus ri-
« goureuse exactitude. — L. B. »

On lui écrit de Paris: « Merci de votre envoi
« du portrait graphologique. Il est fort bien fait;
« et le caractère du sujet est profondément
« fouillé, et décrit avec une grande vérité.—F.

On lui écrit de Secheim, près de Constance
(Grand-Duché de Bade): « Je suis vraiment
« étonné du travail que vous m'avez envoyé.
« Le portrait graphologique est d'une exactitude,
« d'une pénétration, d'un complet qui me frap-
« pent. C'est pour moi une preuve convaincante
« de la vérité de la graphologie. Ce qui m'é-
« tonne surtout, c'est la sûreté admirable avec
« laquelle vous avez su démêler, dans un carac-
« tère plein d'opposition, le fond naturel, et l'ac-

« centuer, d'une manière ferme, à travers tout
« ce que l'éducation, l'entourage, les circonstan-
« ces, la vie enfin ont entassé dessus. —F. B. »

On lui écrit de Valentigny. (Doubs): » Je ne
« vous ai pas dit la moitié de ce que je pense
« sur votre merveilleuse science. Vous avez en
« main un instrument psychologique qui atteint
« son objet plus sûrement que ne le font les sys-
« tèmes photographiques, qui ne peuvent opérer
« que sur les manifestations plus ou moins spon-
« tanées, plus ou moins sincères de l'âme ; tan-
« dis que vous atteignez *la source* même de
« ces manifestations. Le portrait *** est admira-
« ble en vérité. Je l'ai lu à plusieurs personnes,
« et il a été trouvé entièrement frappant. Je n'y
« découvre pas un seul trait qui ne soit rigou-
« reusement vrai. Ce qui me frappe le plus dans
« vos portraits, ce ne sont pas tant les indica-
« tions, les lignes générales, que les détails,
« *les nuances des nuances,* si je puis dire ainsi.
« A. B. »

Le cadre de notre ouvrage ne nous permet
pas de produire un plus grand nombre de ces
lettres.

Les nombreux papyrus des hypogées égyptiens, transportés dans tous les musées de l'Europe, et contenant des autographes en écriture égyptienne cursive, soit hiératique, soit démotique, remontent à la plus haute antiquité, et en écriture grecque, antérieure à l'ère chrétienne, les inscriptions cursives appelées *graffiti*, rapidement faites sur les murailles, comme on en voit à Pompéï, à Rome, les manuscrits du moyenâge, l'écriture cursive moderne depuis la renaissance, établissent le fait suivant, plein d'intérêt, et dont on ne peut manquer de saisir la portée: *Toute main, quand elle n'écrit pas calligraphiquement, quand elle ne veut pas faire un travail d'écriture soignée, artistique, mais rendre bien simplement, bien naturellement, la pensée à l'aide des signes de l'écriture, se fait sa façon particulière de tracer les lettres selon la disposition particulière du cerveau.* Si la conception à l'aide du cerveau est lente ou vive, l'écriture se ressentira de cette aptitude de vivacité ou de lenteur de l'âme: l'écriture sera mouvementée ou calme.

Les découvertes les plus récentes sur le cerveau ont établi que c'est du cerveau que partent toutes les manifestations intellectuelles de l'âme. A l'aide du fluide nerveux le cerveau agit sur la main pour lui faire tracer tel ou tel signe révélateur de telle ou telle disposition de l'âme.

Si le fluide nerveux est fortement excité, si la pile cérébrale est fortement chargée, l'écriture sera considérablement mouvementée ; si le cerveau développe peu de fluide, l'écriture sera sans aucun mouvement graphique, et se résoudra dans les traits les plus simples et les plus usuels pour rendre la pensée.

Peu importe que les lettres soient formées par la plume, ou par le roseau (calame) chez les Orientaux, ou par le pinceau dans l'extrême Orient ; que ce soit l'autographe du Pen-ta-our dont l'auteur est contemporain de Moïse, que possède le musée du Louvre ; que ce soit une page de sanscrit écrite par un Indien ; que ce soit une missive en Hébreu, en Grec, etc., ou une lettre écrite de la veille par un Européen ; du moment que c'est une écriture cursive, rapide, servant à exprimer une pensée, et non pas une écriture de pure calligraphie tenant place du travail de

l'imprimerie, l'âme humaine s'est manifestée là
ce qu'elle est, jusque dans ses nuances intimes,
par ce travail personnel, naturel, instinctif. L'é-
criture personnelle, œuvre des premières et fortes impressions de l'adolescence successivement
modifiées selon les changements apportés dans
la vie, devant se modifier encore si les situations
de l'existence venaient à changer de nouveau,
cette écriture devient un miroir photographique
dans lequel l'âme s'est fixée, comme le visage
se fixe sur une plaque préparée par le photo-
graphe. Il n'y a plus qu'à connaître les signes
graphologiques pour lire dans cette âme, et la
dévoiler, ce qu'elle est dans ses replis les plus
intimes.

Il est démontré que, dans la même civilisation,
dans le même pays, dans le même village avec
le même enseignement du maître d'école, il se
produit des variantes à l'infini dans la forme des
écritures.

Donc les écritures sont *personnelles*, c'est-à-
dire rendent la personne distincte intellectuel-
lement et moralement des autres, comme les
traits de son visage la font distinguer physique-

ment. Mais il n'y a pas d'effet sans cause. Pour
s'expliquer cette variété immense des écritures,
qui étaient d'abord, sur les bancs de l'école, à
peu près toutes semblables, il faut conclure qu'au
moment où nous entrons dans la vie, au moment
où nos facultés se développent, où s'épanouissent
nos instincts, où surgissent les passions, notre
écriture subit l'influence de ces facultés déve-
loppées, de ces nouveaux instincts, de ces passions jusque-là inconnues, de ce caractère qui
prend une direction différente du caractère de
la première enfance Donc, à chaque développement de l'âme correspondent des formes particulières d'écriture étranges, personnelles, complétement en dehors de l'enseignement calligra-
phique.

Les facultés, les instincts, la nature, le caractère, l'esprit, les aptitudes, les goûts et les passions ont pour représentation sensible tous les
signes étranges, nouveaux, capricieux, bizarres,
toutes les formes possibles de traits non ensei-
gnés par des maîtres, que la main trace incons-
ciencieusement, sans que le scripteur s'en occupe le moins du monde, dont il n'a pas pu cal-

culer la portée, la signification, et qui troublent
la régularité de l'enseignement classique de l'é-
criture.

La Graphologie consiste à trouver le trait
spécial, le signe graphique qui, dans l'écriture
bien naturelle, non appliquée, correspond à chaque mouvement de l'âme et aux diverses nuances
de ces mouvements. Lequel signe graphologique
quelle qu'en soit la forme, régulière ou bizarre,
est la manifestation subite et inconsciente des
impressions du cerveau, ce vaste réservoir élec-
trique d'où partent les formes multiples de la
pensée.

Telle est la science que M. Michon s'efforce
de vulgariser, à la fois établie, et expliquée dans
sa théorie, et démontrée par l'application du
système sur toutes sortes d'écritures.

Dans la science, on appelle *expérimentation*
la mise à l'épreuve d'un système, d'une théorie.
Rien n'est reçu comme principe vrai et indé-
niable, rien n'est *acquis à la science*, — c'est
l'expression consacrée, — que ce qui a subi
l'épreuve rigoureuse de l'expérimentation. La
graphologie a triomphé de cette épreuve. On la
trouve fondée en raison et en observation.

M. L'abbé J-H. Michon, dans ses conférences nombreuses en France et à l'étranger, qui ont eu le résultat de vulgariser si rapidement la science nouvelle, a pu dire qu'il a apporté au monde un bienfait supérieur à celui de la découverte de la photographie, puisque celle-ci ne rend que les objets du monde physique, pendant que le procédé graphologique, selon l'expression d'un homme distingué, devenu l'un de ses plus dévoués disciples, « arrive à atteindre la source « des manifestations les plus intimes de l'âme, « à en rendre les nuances, *les nuances des nuan-* « *ces.* »

L'expérience et l'observation démontrent tous les jours depuis quelques années, que la Graphologie est une science, un moyen simple, sûr, pratique de saisir dans le vif l'âme de tout homme, même de ceux qui se déguisent avec le plus de soin. C'est une science d'une importance capitale, qui lorsqu'elle sera bien comprise, rendra d'immenses services à l'humanité.

PUBLICATIONS GRAPHOLOGIQUES

TRAITÉ DE GRAPHOLOGIE, contenant le système complet de la graphologie, la graphologie philosophique, l'anatomie graphique, la physiologie graphique, la classification des familles, des signes, la méthode pratique pour devenir rapidement fort graphologiste, par M. l'abbé J-H. MICHON. 1 vol. grand in-18, prix : 3 francs *franco* par la poste.

HISTOIRE DE L'ÉCRITURE dans ses rapports avec les civilisations, le caractère et les mœurs des peuples, par M. l'abbé J-H. MICHON, avec de curieux *fac-simile* de l'écriture de tous les peuples du monde depuis l'origine de l'écriture hiéroglyphique chez les Égyptiens, les Assyriens, les Chinois, les Mexicains et l'invention de l'écriture alphabétique par les Phéniciens, jusqu'aux écritures contemporaines. 1 splendide album, grand in-quarto sur deux colonnes, richement relié, doré sur tranche, avec titre en or sur le plat. Prix : 16 francs.

LA GRAPHOLOGIE. *Journal des autographes* scientifique et littéraire, contenant l'application en grand de la science graphologique et le développement du système classique, paraissant le 1er et le 15 de chaque mois, sous la direction de M. l'abbé J-H. MICHON. Prix de l'abonnement: Pour la France, 8 fr. par an. Pour la Belgique, l'Espagne, la Hollande, l'Italie, l'Angleterre, 9 francs, Autriche, 10 francs ; Russie, Roumanie, Empire Ottoman, Sang-Haï, Mexique, Montévideo, Etats-Unis, 12 francs ; Amérique centrale, 14 francs.

Tout abonné *d'un an* au journal de la *Graphologie* a droit, en prime, à sa photographie intellectuelle et morale, d'après son écriture naturelle, habituelle, courante non déguisée, non appliquée ni trop négligée. En dehors de l'abonnement, toute photographie intellectuelle et morale est de 8 francs pour la France ; pour l'étranger, de 10 francs.

Les lettres et les demandes doivent être adressées au bureau du journal de la *Graphologie* : à M. MICHON, rue de Chanaleilles, 5, faubourg Saint-Germain, Paris.

CHAPITRE IV.

OBSERVATIONS GÉNÉRALES SUR LES TYPES ET LES CARACTÈRES

Le haut du visage, jusqu'à l'origine du nez, est le centre du travail intérieur qui s'opère dans l'homme, le siége de ses pensées et de ses résolutions; c'est dans la partie inférieure du visage qu'a lieu la manifestation extérieure de ses résolutions et de ses pensées.

Presque tous les défauts qui supposent la hardiesse dans la résolution sont annoncés par un nez fort en saillie et par une bouche avancée.

Le nez est le siége de l'ironie; l'ironie est exprimée par un léger mouvement de nez. La lèvre supérieure renversée dénote l'effronterie, l'insolence et parfois la menace.

Une lèvre inférieure avancée est le signe de l'imbécilité la plus complète et d'une vanité ridicule.

La courbure et les inflexions du nez annoncent la noblesse et la générosité.

La forme droite du nez est l'indice d'un caractère grave.

La lèvre inférieure aplatie dénote la circonspection dans le langage.

Si la lèvre supérieure est aplatie sur les dents et ne ferme pas complétement, elle est un indice de faiblesse et de timidité.

Un visage large et un cou raccourci, de larges épaules et un large dos, appartiennent à une personne intéressée, cupide et froide, quelquefois jusqu'à la dureté.

Il y a en général de l'équité, du désintéressement et des vertus sociales chez les hommes qui ont un visage long et étroit, un cou allongé, des épaules minces ou affaissées et un dos étroit.

La bouche béante, la lèvre inférieure saillante et un nez enfoncé, annoncent la bassesse de l'âme ou la suffisance.

Plus un front est haut, plus le reste du visage semble petit; plus le front qui se courbe en voûte est noueux, plus l'œil est enfoncé, moins l'enfoncement entre le front et le nez est visible; plus la bouche est fermée, plus le menton est large; plus le profil oblong du visage est perpendiculaire, plus le caractère est dur, opiniâtre et insensible.

Il n'y a guère qu'aux fourbes, aux rusés, aux intrigants, aux avares, aux méchants qu'appartiennent de petits yeux sans feu, un regard toujours inquiet, un teint plombé, un nez retroussé, une lèvre inférieure relevée et des cheveux noirs, courts et plats.

Quand vous verrez un homme sourire sans sujet avec une lèvre de travers, s'arrêter souvent sans aucune direction, avoir le corps roide en saluant et incliner seulement la tête en avant, vous pouvez dire : Si cet homme n'est pas encore fou, il est bien près de le devenir.

La femme qui a des verrues brunes, velues,

ou du poil à la partie inférieure du menton, est
ordinairement très active et bonne ménagère,
mais son tempérament sanguin la prédispose à
l'amour et même à ses égarements.

Les personnes qui ont de grands yeux, un
petit visage, avec un petit nez, sont généralement tristes, maussades, curieuses et médisantes.

On reconnaît la maturité de l'esprit et l'énergie du caractère, la fermeté et la pudeur aux
traits suivants : Front presque sans sillons, ni
perpendiculaire, ni trop rentrant, ni trop plat,
et de forme sphérique ; des sourcils épais, bien
dessinés, marquant d'une manière exacte la limite du front ; des yeux ouverts jusqu'à moitié ;
un enfoncement peu recourbé et à dos large ;
des lèvres distinctement rentrantes et d'une
heureuse proportion ; enfin un menton qui n'a-
vance ni ne recule trop.

Un front perpendiculaire, très noueux ou très
haut, ou très court ; un petit nez court et très
pointu ou arrondi grossièrement, avec des narines
larges ; des traits gravés fortement, longs et non
interrompus dans les joues, près du nez et vers
les lèvres ; des dents inférieures qui avancent

sous des dents supérieures très longues ou très courtes, telles sont les caractères principaux de la dureté et de l'insensibilité.

Une personne vraiment sage, noble et calme, n'a jamais de verrue large et brune au menton; c'est le cachet de la stupidité.

Une femme qui a des yeux roulants dans leur orbite, une peau molle et très plissée, un nez arqué, des joues rougeâtres, un front très arrondi, un menton inférieur bien arrondi, a également beaucoup de mémoire, d'imagination; mais aussi elle est très amoureuse, et il est très difficile que l'ardeur de son tempérament ne lui fasse pas faire bien des fautes.

Un front qui présente, soit au milieu, soit plus bas, une cavité allongée et qu'on aperçoit à peine dénote la faiblesse du caractère.

C'est un indice très favorable que la fermeté et même la rudesse des chairs; leur mollesse, au contraire, annonce un esprit borné, une imagination stérile et peu de mémoire.

Un petit corps doit être accompagné d'une tête un peu plus grosse en proportion, et un grand corps d'une tête un peu plus petite.

Si vous voulez savoir si la complexion de la
cervelle répond à la complexion des chairs,
examinez les cheveux de la tête ; lorsqu'ils sont
noirs, forts, rudes et épais, ils dénotent un
esprit juste et une heureuse imagination.

Qui rit bien est bon : la sincérité du rire est
la preuve de la douceur, de la bienveillance et
de la franchise.

Un œil sec est la marque d'un esprit plein de
sagesse.

Il est difficile de trouver des gens d'esprit qui
aient une belle écriture.

Rien n'est plus significatif que les gestes qui
accompagnent l'attitude et la démarche. Naturel
ou affecté, rapide ou lent, passionné ou froid,
uniforme ou varié, grave ou badin, aisé ou forcé,
dégagé ou roide, noble ou bas, fier ou humble,
hardi ou timide, décent ou ridicule, agréable,
gracieux, imposant, menaçant, le geste est diffé-
rencié de mille manières. L'harmonie étonnante
qui existe entre la démarche, la voix et le geste
se dément rarement. Mais, pour démêler le
fourbe, il faudrait le surprendre au moment où,
se croyant seul, il est encore lui-même et n'a

pas eu le temps de faire prendre à son visage
l'expression qu'il sait lui donner. Découvrir l'hypocrisie est la chose la plus difficile et en même
temps la plus aisée : difficile tant que l'hypo-
crite se croit observé ; facile, dès qu'il oublie
qu'on l'observe. Cependant on voit tous les jours
que la gravité et la timidité donnent à la physionomie la plus honnête un aperçu de malhon-
nêteté. Souvent c'est parce qu'il est timide, et
non point parce qu'il est faux, que celui qui vous
fait un récit ou une confidence n'ose vous regarder en face. N'attendez jamais une humeur douce
et tranquille d'un homme qui s'agite sans cesse
avec violence, et, en général, ne craignez ni
emportement ni excès de quelqu'un dont le maintien est toujours sage et posé. Avec une démarche alerte, on ne peut guère être lent et paresseux, et celui qui se traîne nonchalamment, à
pas comptés, n'annonce pas cet esprit d'activité
qui ne craint ni dangers ni obstacles pour arriver
au but.

Une bouche béante et fanée, une attitude insi-
pide, les bras pendants et la main gauche tournée
en dehors sans qu'on en devine le motif, annon-

cent la stupidité naturelle, la nullité, le vide, une
curiosité hébétée. La démarche d'un sage est
différente de celle d'un idiot, et un idiot est assis
autrement qu'un homme sensé. L'attitude du
sage annonce la méditation, le recueillement ou
le repos ; l'imbécile reste sur sa chaise sans savoir pourquoi : il semble fixer quelque chose, et
son regard ne porte sur rien ; son assiette est
isolée comme lui-même.

La prétention suppose un fond de sottise·
Attendez-vous à rencontrer l'une et l'autre dans
toute physionomie disproportionnée et grossière,
qui affecte un air de solennité et d'autorité. Jamais l'homme sensé ne se donnera des airs, ni
ne prendra l'attitude d'une tête éventée. Si son
attention excitée l'oblige à lever la tête, il ne se
croisera pourtant pas les bras sur le dos ; ce
maintien suppose de l'affection, surtout avec une
physionomie qui n'a rien de désagréable, mais
qui n'est pas celle d'un penseur. Un air d'incertitude dans l'ensemble, un visage qui, dans son
immobilité, ne dit rien du tout, ne sont pas des
signes de sagesse. Un homme qui, réduit à son
néant, s'applaudit encore lui-même avec joie,

qui rit comme un sot sans savoir pourquoi, ne parviendra jamais à former ou à suivre une idée raisonnable. La crainte d'être distrait se remarque dans la bouche ; dans l'attention, elle n'ose respirer. Un homme vide de sens, et qui veut se donner des airs, met la main droite dans son sein et la gauche dans la poche de sa culotte, avec un maintien affecté et théâtral.

Une personne qui est toujours aux écoutes ne promet rien de bien distingué. Quiconque sourit de travers avec une lèvre de travers ; quiconque se tient souvent isolé sans aucune direction, sans aucune tendance déterminée ; quiconque salue le corps roide, n'inclinant que la tête en avant, est un fou.

Si la démarche d'une femme est sinistre, non-seulement désagréable, mais gauche, impétueuse, sans dignité, se précipitant en avant et de côté d'un air dédaigneux, soyez sur vos gardes ; ne vous laissez éblouir ni par le charme de sa beauté ni par les grâces de son esprit, ni même par l'attrait de la confiance qu'elle pourra vous témoigner : sa bouche aura les mêmes caractètères que sa démarche, et ses procédés seront

durs et faux comme sa bouche. Elle sera peu
touchée de ce que vous ferez pour elle, et se
vengera de la moindre chose que vous aurez négligée. Comparez sa démarche avec les lignes
de son front et les plis qui se trouvent autour de
sa bouche, vous serez étonné du merveilleux
accord de tous ces signes caractéristiques.

Ayez le plus de réserve possible en présence
de l'homme gras et d'un tempérament colère,
qui semble toujours mâcher, roule sans cesse les
yeux autour de soi, ne parle jamais de sens
rassis, s'est donné cependant l'habitude d'une
politesse affectée et traite tout avec une espèce
de désordre et d'impropreté. Dans son nez rond,
court, retroussé ; dans sa bouche béante, dans
les mouvements irréguliers de sa lèvre inférieure,
de son front saillant et plein d'excroissances ;
dans sa démarche, qui se fait entendre de loin,
vous reconnaîtrez l'expression du mépris et de
la dureté, des demi-talents avec la prétention
d'un talent accompli, de la méchanceté sous une
gauche apparence de bonhomie.

Fuyez tout homme dont la voix, toujours tendue, toujours montée, toujours haute et sonore,

ne cesse de décider ; dont les yeux, tandis qu'il décide, s'agrandissent, sortent de leur orbite ; dont les sourcils se hérissent, les veines se gonflent, la lèvre inférieure se pousse en avant ; dont les mains se tournent en poing, mais qui se calme tout à coup, qui reprend le ton d'une politesse froide, qui fait rentrer dans un calme apparent ses yeux et ses lèvres, s'il est interrompu par la présence imprévue d'un personnage important qui se trouve être votre ami.

L'homme dont les traits et la couleur du visage changent subitement, qui cherche avec soin à cacher cette altération soudaine et sait reprendre aussitôt un air calme ; celui qui possède l'art de tendre ou détendre les muscles de sa bouche, de les tenir pour ainsi dire en bride, particulièrement lorsque l'œil observateur se dirige sur lui, cet homme a moins de probité que de prudence, il est plus courtisan que sage et modéré.

Méfiez-vous des gens qui glissent plutôt qu'ils ne marchent, qui reculent en s'avançant, qui disent des grossièretés d'une voix basse et d'un air timide, qui vous fixent hardiment dès que vous ne les voyez plus, et n'osent jamais vous regarder tranquillement en face ; qui ne disent du bien de personne, sinon des méchants ; qui trouvent des exceptions à tout et paraissent avoir toujours contre l'assertion la plus simple une contradiction toute prête ; fuyez l'atmosphère où ces gens respirent. Celui qui lève la tête et la porte en arrière (que cette tête soit grosse ou singulièrement petite) ; celui qui se mire dans ses pieds mignons de manière à les faire remarquer ; celui qui, voulant montrer de grands yeux encore plus grands qu'ils ne sont, les tourne exprès de côté, comme pour regarder tout par dessus l'épaule ; celui qui, après vous avoir prêté longtemps un silence orgueilleux, vous fait ensuite une réponse courte, sèche et tranchante, qu'il accompagne d'un froid sourire ; qui, du moment qu'il aperçoit la réplique sur vos lèvres, prend un air sourcilleux et murmure tout bas, d'un ton propre à vous ordonner le silence ; cet homme a, pour le moins, trois qualités haïssables avec tous leurs symptômes : l'entêtement, l'orgueil, la dureté ; très probablement, il y joint encore la fausseté, la fourberie et l'avarice.

L'homme sage ne rit aux éclats que rarement

et peu ; il se contente ordinairement de sourire. Quelle différence entre le rire affectueux de l'humanité et le rire infernal qui se réjouit du mal d'autrui !

Il est des larmes qui pénètrent les cieux ; il en est d'autres qui provoquent l'indignation et le mépris.

Remarquez le son de la voix, son articulation, sa faiblesse ou son étendue, ses inflexions dans le haut et dans le bas, la volubilité ou l'embarras de la langue ; distinguez si elle est haute ou basse, forte ou faible, claire ou sourde, douce ou rude, juste ou fausse, car ce sont des indices infiniment caractéristiques. La voix grosse et forte annonce un homme robuste ; la voix faible, un homme timide ; la voix claire et sonnante dénote quelquefois un menteur ; la voix ordinairement tremblante indique souvent un naturel soupçonneux. L'effronté et l'insolent ont la voix haute. La voix rude est un signe de grossièreté ; la voix douce et claire, agréable à l'oreille, annonce un heureux naturel.

Un homme raisonnable se met tout autrement qu'un fat ; une femme pieuse autrement qu'une

coquette. La propreté et la négligence, la simplicité et la magnificence, le bon et le mauvais
goût, la présomption et la décence, la modestie
et la fausse honte ; voilà autant de choses qu'on
distingue à l'habillement seul. La couleur, la
coupe, la façon, l'assortiment d'un habit, tout
cela est expressif encore et nous caractérise. Le
sage est simple et uni dans son extérieur : la
simplicité lui est naturelle. On distingue bientôt
un homme qui s'est paré sans intention de celui
qui ne cherche qu'à briller ou de celui qui se
néglige, soit pour insulter à la décence, soit pour
se singulariser.

CHAPITRE V

REMARQUES PHYSIOGNOMONIQUES SUR LA TOILETTE

Tout étant homogène dans l'homme et tout en lui correspondant à une cause interne, l'élégance, qui est la traduction extérieure d'un individu, n'échappe point à cette loi, et sa cause interne, c'est le caractère. L'esprit n'a point d'action réelle immédiate sur l'élégance, par la raison que chaque être se résume dans le caractère et que l'esprit n'en est qu'une partie intégrante.

Le caractère, c'est ce que Dieu nous a faits, c'est le son qui résulte de l'ensemble des diverses voix qui sont en nous. Tout ce qu'il s'approprie a sa taille. Il est précis et juste, parce que son essence est l'unité.

L'esprit est moins sûr; il combine, il s'illusionne, il s'égare. Une femme lit Bernardin de Saint-Pierre; elle voit que l'harmonie naît des contrastes, et aussitôt elle va chercher dans les heurtements de sa mise l'application de cet aphorisme philosophique. L'esprit commet ici une monstrueuse erreur sur le sens de ces contrastes, et c'est bien le lieu de formuler cette loi de l'élégance, à savoir que l'harmonie naît des similaires.

Sans caractère décidé, point d'élégance.

Un enfant n'est jamais élégant, car rien n'est caractérisé en lui; il est gracieux.

Comme le caractère se distingue par l'unité, disons encore que tout ce qui n'est pas simple n'est jamais élégant. Ce n'est pas à dire, toutefois, que les esprits simples soient élégants.

Les gens élégants se retrouvent entre mille. Il y a en eux une affinité irrésistible : mêmes goûts,

mêmes délicatesses, même langage. Dans le
monde, ils ont pour leurs semblables cette pré-
férence qu'une communauté d'origine éveille
chez les hommes qui se rencontrent en pays
étrangers.

Les femmes ont un tact inimaginable pour
reconnaître un élégant. Elles aiment l'élégance,
et cela souvent à leur insu. Une femme bien
élevée n'avoue jamais à son mari qu'il a tort de
n'être point élégant; mais pourtant il y a des
comparaisons qui la font rêver.

Les personnes qui ont du goût et qui n'ont
point d'élégance sont celles qui n'ont pas un caractère décidé. Elles nous conseilleront judicieu-
sement sur le choix d'une couleur ou d'une
forme, mais elles sont impuissantes à tirer parti
pour elles-mêmes de leurs propres idées.

Parmi les gens qui ont le bon goût et ceux qui
ont le bon sens, peu ont l'élégance.

Dans la vieille France de qualité, l'élégance
était moins rare que de nos jours. On connaît
l'élégance traditionnelle des courtisans. La raison
de cela, c'est que l'époque avait son caractère:
la société se divisait en compartiments qui

avaient leur cachet individuel; nul n'osait sortir
des habitudes et des idées qui appartenaient à
sa classe. Une classe, c'était un habit dans lequel
on ne pouvait entrer si l'on n'avait la taille, la
tournure, l'esprit et le caractère de cet habit.

De là l'élégance relative.

Aujourd'hui la confusion règne encore dans
les idées comme dans les choses. Il n'y a guère
ni classe, ni moule de profession, ni caractère.
Aussi qu'avons-nous fait? Nous avons adopté le
paletot, qui n'est fait pour personne, et qui va
mal à tout le monde.

L'élégance est tantôt absolue et tantôt relative.
L'élégance relative était fréquentée autrefois;
c'était celle, nous venons de le dire, qui appar-
tenait plus aux classes qu'aux individus : elle a
disparu en grande partie avec les caractères pro-
fessionnels.

Il y avait des notaires élégants, des médecins,
des militaires, des avocats élégants : aujourd'hui
on dit : Voilà un homme élégant. L'élégance ainsi
réduite au point de vue absolu a dû se faire rare,
parce qu'elle est d'une réalisation plus difficile.

Il y a, en effet, des conditions générales qui admettent l'élégance, et d'autres qui l'excluent.

Les mauvaises passions, les maladies de l'âme, se révèlent par des accidents inharmoniques de physionomie, de contenance ou de manière. Ces signes extérieurs sont plus ou moins apparents, plus ou moins saisissables; souvent ils existent sans que les personnes dont elles modifient l'expression physique en aient la conscience.

Il y a donc des dispositions morales essentiellement antipathiques à l'élégance; de ce nombre: la cupidité, la lâcheté, la sottise, l'affectation, et, comme il est dans le monde des positions où elles jouent un rôle permanent, il en résulte que tout homme qui persiste à garder ces positions ne pourrait, en aucune manière, prétendre à l'élégance. La nature n'a pas donné à cet homme-là un rang supérieur à sa condition sociale.

Chez les peuples de l'antiquité, le costume était mis au nombre des beaux-arts; ses principes étaient définis, son influence sur le moral était appréciée, et des officiers publics veillaient pour qu'on n'en violât par les lois fondamentales. Il est évident que, si le but des arts est de pro-

duire des impressions variées sur notre esprit,
le costume ou la décoration du corps humain ne
saurait être exclue de leur classification. Le costume exprime tour à tour la richesse, la prétention, la coquetterie, l'austérité, la modestie,
c'est-à-dire qu'il a son caractère. Otez à un
homme sa cravate, troublez la régularité habituelle de ses vêtements, et sur-le-champ vous
exprimez la démence. Des fleurs sur la tête
d'une jeune femme, c'est le bal avec ses bril-
lantes et poétiques images. Le caractère du costume lui est imprimé par des lois de deux na-
tures distinctes : l'une physique et l'autre morale.
De même que tous les corps dont le sommet est
plus large que la base ont, ainsi que tous les
cônes renversés, quelque chose d'aérien, et que,
par la raison contraire, ils font naître l'idée de
pesanteur lorsqu'ils ont la forme pyramidale, de
même, dans le costume, on imprime un cachet
de gravité ou de légèreté en mettant plus ou
moins d'ornements et d'ampleur, soit aux pieds,
soit à la tête. C'est d'après ce principe que la
robe magistrale, que le manteau royal, furent
toujours vastes, amples et traînants. Mais, quelle

que soit l'action des lois matérielles dans la détermination du caractère, du costume ce sont
les associations d'idées qui prévalent toujours;
c'est ainsi que le noir, pour nous, est devenu
le symbole de la tristesse et de la douleur. Il
importe peu que ces associations d'idées soient
purement conventielles ou qu'elles résultent d'un
sentiment spontané et général parmi les hommes;
il suffit qu'elles soient acceptées.

Le costume ainsi compris devient donc une
sorte de science mathématique, où chaque détail
a son expression ou sa valeur fixe ; d'où il résulte que l'élégance dans le costume consiste
dans le rapport qu'il faut établir entre deux
caractères : celui de la personne et celui du
costume. Si vous manquez de goût et de perspicacité, vous ferez infailliblement des rapprochements gauches, guindés, maladroits. Il faut
donc se consulter bien avant de faire choix d'une
couleur ou d'une forme. Bien connaître le trait
caractéristique de sa personne, c'est posséder la
science de s'habiller et les secrets de l'élégance.
De là un principe fondamental qu'on ne saurait
trop répéter.

Ce n'est ni dans la richesse d'une toilette, ni dans la rareté des étoffes, ni dans la coupe plus ou moins imprévue des habits, que gît l'élégance : c'est uniquement dans l'effet produit par la combinaison de ces choses avec le jeu des proportions humaines. Chercher à captiver les suffrages du vulgaire, c'est chercher, en matière d'élégance, les voies de l'erreur.

Dans l'art du costume, comme dans les autres arts, ce qui saisit la foule, ce sont généralement les effets grossiers. Il n'est pas vrai que le sentiment des masses soit bon et infaillible dans les arts. La quantité ne sera jamais la qualité. Abandonné à ses instincts, à ses forces naturelles, l'homme de la rue ne peut point admirer Milton, encore moins Racine. En musique, il préférera les ponts-neufs aux plus savantes compositions de Beethoven ; en statuaire, les figures en plein air de Curtius, à l'Apollon du Belvédère et au marbre du Laocoon.

Pour se vêtir d'étoffes riches, fastueuses, il faut en soi un caractère physionomique qui le permette. Beaucoup de femmes, parce qu'elles sont riches, s'imaginent avoir le droit de porter

des diamants, des plumes, des dentelles; elles
se trompent. Un pareil droit n'est point donné
par les accidents de la fortune : il émane direc-
tement de la nature; ces femmes commettent
des usurpations contre lesquelles protestent leur
langage et leur physionomie. Il y a défaut d'harmonie entre la modestie du maintien, la chasteté du langage, la circonspection des manières,
d'un côté, et, de l'autre, la licence du corps,
l'éclat des bijoux et des couleurs vives. C'est par
suite de ce défaut d'harmonie que les hommes
exercés dans la science du monde assignent
d'emblée, dans les salons, au théâtre, dans les
rues, la vraie condition des gens; il y a des
femmes quelque peu profanes qui font des efforts
de toilette inouïs pour paraître ce qu'elles ne
sont pas.

Une petite maîtresse voit sur une dame de
qualité une robe d'une certaine façon; elle en
admire les détails, l'ensemble, et trouve qu'elle
sied admirablement à celle qui la porte. Elle en
commande une toute semblable; et cette robe,
qui est identique au modèle, la rend affreuse :
c'est tout bonnement qu'elle ne possède pas en

elle le caractère auquel s'assimile ce vêtement.
Que sais-je? elle a peut-être les bras trop longs,
le cou trop court; elle est vive et pétulante, au
lieu d'être posée et sentimentale. Quelque chose
en elle ne se combine pas harmonieusement
avec les dispositions de l'étoffe : il faut si peu
pour être élégant et si peu pour ne pas l'être.
C'est surtout en matière d'élégance que le *poco
più, poco meno* des Italiens, joue un rôle important. Ceci paraîtra subtil à quelques-uns, fou à
beaucoup et rationnel à tous ceux qui connaissent la puissance des riens.

Le costume est tellement caractéristique, que
même les détails qui le composent sont devenus
emblématiques; de là le langage des fleurs et
celui qu'on prête aux couleurs.

La mode, cette chose éphémère, indéfinie,
mais qui n'est autre chose que l'orbite où s'opè-
rent les révolutions du costume, la mode possède
un caractère qui lui est propre. Elle a sa philosophie, sa logique, parce qu'elle a des points de
contact et de relation avec l'élégance. Le caractère de la mode, c'est : luxe, fortune, grandeur.
D'où vient qu'un costume qui a été trouvé élé-

gant cesse de l'être? C'est que ce costume,
d'abord le patrimoine du petit nombre, est
tombé dans le patrimoine public et s'est associé
alors à des idées de pauvreté et de vulgarité qui
ont effacé sa primitive effigie.

Par sa forme et de la façon dont il est porté,
le chapeau facilite beaucoup l'étude du caractère
et du cœur. Celui qui le porte sur l'oreille est
un poltron qui fait le bravache. Celui qui le
porte en arrière est un nigaud ou un niais, ou
un homme timide, ou un ancien maître d'école.
Celui qui le porte baissé sur les yeux et élevé
par derrière est un moqueur. Celui qui le tient
à la main est un fat de petite ville ou un sollici-
teur, qui s'est fait friser pour faire le pied de
grue dans l'antichambre d'un ministre.

L'homme qui a toujours un chapeau frais et
brillant a de l'ordre; c'est un esprit méthodique.
Celui qui a un chapeau pointu, à larges bords, à
large ruban, qui, en un mot, porte un chapeau
comme on n'en porte pas, est un esprit faux,
maniéré et prétentieux.

L'étudiant laborieux porte un chapeau très
râpé, enfoncé sur les yeux. L'étudiant bambo-

cheur porte un chapeau très râpé, fort penché
sur l'oreille. L'étudiant de première année pro-
mène dans les rues un chapeau blanc, gris ou
bleu de ciel, pointu, à grands bords, à large
cordon.

Le bottier, le boucher, l'épicier en grande
tenue, adorent le chapeau de soie à long poils.
Le chapeau de même étoffe à poils ras, à forme
haute et à bord étroit, est la parure du petit
propriétaire de la banlieue, du menuisier ou du
maçon endimanchés.

Le vieil employé, le vieux rentier, portent
naïvement de vieux chapeaux aux bords relevés
par devant et par derrière; s'il vient à pleuvoir,
ils se couvrent du mouchoir de poche à car-
reaux, dont ils retiennent les coins avec les
dents, s'ils en ont.

L'homme qui a des prétentions à la science,
le médecin qui veut imposer à ses malades, s'af-
fublent d'un chapeau très bas, à très grands
bords; c'est celui-là qu'on appelle chapeau de
charlatan.

L'homme qui vise à l'originalité adopte la forme
du pain de sucre ou du plat à barbe renversé.

Des cheveux sales, qui graissent le collet et les épaules, n'appartiennent qu'au prétendu philosophe, au rapin et au garçon tailleur. Le soi-disant original est rasé comme un magot de la Chine.

Le bourru, le butor et le cordonnier envieux, sont mal peignés, malpropres, hérissés et ébouriffés.

Le danseur, le coiffeur, le niais et le lion de faubourg, ont les cheveux peignés, lissés, huilés, frisés tout autour de la tête et séparés en deux parties égales ou inégales, comme une poupée d'un journal de modes.

Le vieux soldat, la culotte de peau, le postillon et l'artiste dramatique, se coiffent à la Titus. Le garçon perruquier, l'étudiant de première année, sont accommodés à la jeune France.

Les cheveux roides annoncent souvent l'entêtement; les cheveux plats, la patience. Les cheveux frisés annoncent presque toujours l'amour du plaisir.

La calvitie est ordinairement le signe d'un intelligence active, à moins cependant que l'homme chauve ne ramène ses cheveux de derrière sur le devant, ce qui dénote un esprit vulgaire et mesquin ; si l'homme chauve porte perruque, il est irrévocablement classé dans l'espèce dite rococo.

Les cheveux gris avant l'âge expriment la misanthropie, l'habitude des souffrances physiques et morales, l'excès des travaux et des plaisirs nocturnes. Quant aux cheveux qui ne blanchissent pas, ils sont le cachet d'un esprit au calme plat. C'est de ces têtes bienheureuses qu'il est dit dans l'Ecriture : « Le royaume des cieux leur appartient. »

L'usage de porter la barbe est nécessairement aussi ancien que le monde, puisqu'il est prouvé que le rasoir ne date pas de la création ; et pourtant, dans aucun tableau, Adam n'est représenté barbu : il est toujours fraîchement rasé, ce qui prouve que les peintres ne sont pas toujours naturalistes.

Aujourd'hui la barbe à tout crin est le propre des modèles d'atelier, des poètes incompris ou incompréhensibles, des mendiants de villages et des lions parisiens, à qui elle tient lieu de crinière.

Les beaux esprits de l'infanterie disent : Un
sapeur sans barbe est un dîner sans fromage.

François Ier demandait à Triboulet pourquoi il
ne se rasait pas le menton. « Pour pouvoir rire
dans ma barbe quand je contemple toutes vos
billevesées », répondit le fou, qui l'était moins
que son maître.

Le collier de poils est parfaitement porté par
les cochers de fiacre et les employés surnumé-
raires d'une administration.

Les favoris coupés au niveau de la bouche et
ceux qui, minces dans le haut, vont en s'élar-
gissant occuper l'espace compris entre la bouche
et l'oreille, sont la parure naturelle du serrurier,
du marchand de vin, du commissionnaire, du
marchand de chaînes de sûreté pour les montres
et du professeur de collège.

Aujourd'hui tout Français porte moustache :
les garçons de café, les calicots, voire même les
laquais, déguisés en colonels retraités. La moustache est tellement inféodée à nos mœurs, que
le gouvernement le plus puissant n'arriverait pas
à la supprimer. Ordonnez le doublement de
l'impôt, le divorce général, l'abolition du théâtre

Guignol, tout ce que vous voudrez, on obéira; mais faire raser les lèvres, cela est impossible. Un brave à trois poils est un matamore qui retrousse sa moustache et fait plus de bruit que de besogne ; ces sortes de braves sont ordinairement des lâches, qui se laissent couper la moustache sous le nez. De grandes moustaches chez celui qui n'est pas militaire cachent une vilaine bouche ou de vilaines dents, et le plus souvent la dissimulation la plus perfide, sauf le cas où elles sont l'ornement d'un officier de la milice citoyenne.

Le peintre de neuvième ou dixième ordre porte la moustache à la Van Dick ou à la Henri IV.

Les femmes n'hésiteraient pas à porter la barbiche si la nature, on ne sait pourquoi, ne persistait à leur refuser ce mâle appendice.

La cravate change suivant l'âge. Avant dix ans, le cou est libre et ignorant de toute gêne, de toute contrainte, de toute servitude, et il se remue dans son indépendance. Jusqu'à dix-huit ans, la cravate est un objet d'utilité. De vingt à vingt-cinq ans, elle devient un objet d'agrément :

on cherche à bien encadrer son visage, et l'on supporte gaiement le joug du collier. À trente ans, l'encadrement commence à être une étude. À quarante ans, c'est un travail : le collier se change en carcan. Passé cet âge, les dernières prétentions à la beauté s'éteignent, et la cravate devient ce qu'elle veut; on n'y prend pas garde: elle s'affaisse, se laisse humilier, écraser par le col de chemise, ou se métamorphose en un sac dans lequel on s'enfonce le menton.

La forme, la couleur, l'ajustement de la cravate, se modifient donc suivant l'âge, et aussi suivant le caractère et la position sociale des individus. Une cravate molle, lâche et nouée avec négligence, signale le viveur. Une cravate roide, brune et serrée, fait connaître l'humoriste, le mauvais coucheur. Le militaire en retraite reste fidèle au col noir. Le médecin, l'artiste, l'avocat, portent la cravate nouée sans prétention, roulée sans roideur, et s'abstiennent totalement du col de chemise.

Beaucoup de gens donnent de grandes significations à la couleur des cravates. Le blanc est l'emblème de l'innocence, de la modestie, de la pudeur et de la bonne foi ; le noir est l'emblème de la mort, du deuil et de la tristesse ; le jaune, celui de l'infidélité ; le bleu est l'emblème de la chasteté, de la piété, du respect, de l'économie et de la sagesse ; le rouge est l'emblème de l'amour et de la pudeur ; le vert est celui de l'espérance ; le rose est l'emblème de la jeunesse, de l'amour, de l'amabilité et de la beauté ; le pourpre est l'emblème de la souveraineté et de la puissance.

L'homme mal élevé ne met des gants que dans les occasions solennelles ; aussi ne sait-il pas se ganter ; il prend des gants dont la couleur ne s'assortit pas à sa toilette, des gants trop étroits ou des gants trop larges. S'il les met, il ne sait plus que faire de ses mains ; s'il ne les met pas, il les chiffonne et ne tarde pas à les fourrer dans sa poche. Celui qui porte des gants sales ou troués vers les ongles est un pauvre honteux.

Les gants de dix-neuf sous ne sont permis qu'aux commis de nouveautés, aux banquiers de petite ville et aux clercs d'huissier. Tout individu qui porte des gants de coton doit se coiffer le soir d'un bonnet de même étoffe.

L'homme de bonne compagnie sait choisir, mettre, porter et ôter ses gants avec goût. Le fat les prend collants à ce point qu'il ne peut remuer ses mains ; aussi prend-il sa canne à doigts tendus, comme Polichinelle tient son bâton.

Le gamin qui fait l'homme traîne sa canne sur le pavé ; le paysan qui singe le monsieur lui fait faire autant d'enjambées qu'il en fait lui-même ; le flâneur frotte la pomme de sa canne à sa bouche, à sa joue, à son menton ; l'homme joyeux tient sa canne par le milieu, et tape du pommeau le creux de son autre main ; l'homme triste et réfléchi porte sa canne collée perpendiculairement à sa jambe ; le distrait en frappe tout ce qu'il rencontre, sans excepter les jambes des passants ; l'étudiant la fait tourner en moulinet au nez de tout le monde ; le rentier la porte sous son bras et le musard la tient des deux mains sur son dos.

Le rotin est provincial ; le jonc est perruquier ; la canne noueuse est faubourienne ; la grosse canne est commune ; la grande est compagnon du devoir ; la canne trop petite est niaise ; la canne à flageollet, à parapluie est stupide. Une

pomme de canne ornée de pierreries est maniérée;
une tête de coquille est disgracieuse ; une longue
pomme est rococo ; une pomme sculptée en manière de tête est de mauvais goût; une pomme
à tabatière, à musique, à sifflet, à lorgnette, est
pour commis-voyageur.

Une chaussure fine, toujours propre et brillante,
est le cachet de la véritable élégance. Quand
vous voyez un homme dont le pied danse et joue
dans sa chaussure, vous pouvez en conclure
hardiment que c'est un homme sans façon, sans
prétention, d'humeur facile et même joyeuse,
peu exigeant à l'égard des autres et prêt à vous
rendre service au besoin. Des bottes dont le
talon est très haut dénotent la petitesse d'esprit
chez un homme qui regrette que Dieu ne lui ait
pas donné cinq pieds six pouces.

L'homme qui, n'appartenant pas à la classe
ouvrière ou à la domesticité, porte de gros sou-
liers avant sa soixante-quinzième année accom-
plie, est ou un rentier de la banlieue, ou un
académicien des inscriptions et belles-lettres.
Celui dont la chaussure est garnie de clous, à
moins qu'il ne soit garçon serrurier, maçon,

adjoint au maire d'un village, commis d'octroi, clerc d'avoué ou d'huissier, est un employé en retraite ou un professeur en exercice de l'Université de France.

Le jeune homme riche qui a des bottes d'avoué, de greffier ou d'huissier, c'est-à-dire des bottes grossièrement faites et mal cirées, est déjà très économe à trente ans ; il sera avare à quarante ans. Il sera ladre à cinquante ans, usurier à soixante ans ; il passera l'hiver sans feu, toujours par économie et par crainte des révolutions futures.

L'homme dont les bottes sont toujours tachées de boue, même par le temps le plus beau du monde et lorsque le pavé est sec, est un distrait ou un homme affairé qui arrive toujours trop tard au rendez-vous. Le jeune homme qui porte des éperons, s'il n'est pas militaire, est un commis marchand qui ne monte jamais à cheval. Se montrer chaussé de bottes à l'Opéra, aux Italiens ou dans un salon, annonce l'homme de bourse ou le loup-cervier, enrichi subitement par des moyens peu honnêtes, ou le provincial qui a cinquante mille francs de rente.

L'homme qui marche doucement réfléchit, médite ou calcule; celui qui a un projet en tête marche très vite; celui qui court rêve un succès d'argent, d'amour, de vanité ou d'ambition. Celui qui songe à l'avenir regarde en haut; celui qui songe au passé regarde en bas; celui qui regarde devant lui est occupé du présent; celui qui regarde à droite et à gauche ne pense à rien, celui qui regard derrière lui songe certainement à ses créanciers ou se croit poursuivi.

Une toilette simple, un peu négligée, mais propre; une démarche ni trop précipitée ni trop lente, une tournure éloignée tout à la fois de la noblesse et de la roideur, annoncent l'homme sérieux, raisonnable et bon.

L'homme qui trotte à petits pas, cligne des yeux, porte le visage en avant et remue les épaules, est bavard, tracassier, chicaneur, pointilleux.

L'homme tiré à quatre épingles, qui passe la main sur son chapeau, époussette son habit et son pantalon ou ses bottes avec son mouchoir de poche, frotte le devant de son habit avec sa manche, est un esprit minutieux, susceptible.

Le magistrat, le professeur ou le chef de bureau, habillé de noir, qui, la main dans son gilet, marche d'un pas roide, lance sa jambe à chaque pas et lève son chapeau très haut lorsqu'il salue, n'est pas un orgueilleux comme on le pense généralement : c'est presque toujours un homme bienveillant, qui a le sentiment un peu exagéré de sa position sociale, et de l'importance des fonctions qu'il exerce.

Quand l'inférieur et le supérieur sont également vaniteux, ils ne se saluent pas; ils ont toujours l'air de ne pas se voir. Celui qui salue d'un coup d'œil et d'un mouvement de tête est à la fois un homme mal élevé et orgueilleux; c'est aussi un indice d'orgueil et de fatuité que la salutation qui s'éloigne du salut conforme aux convenances sociales et aux règles de la politesse.

Il n'y a qu'une circonstance où il soit permis à un homme d'esprit d'être stupide, la voici : deux hommes se rencontrent, se regardent, se sourient et échangent entre eux d'interminables salutations ; à chacun de ces saluts, ils se sont rapprochés d'un pas ; enfin ils viennent à se serrer la main; alors ils disent à la fois : Comment vous portez-vous ? et répondent à la fois : Pas mal, et vous ? puis restent la bouche béante; ils ont cru se reconnaître.

L'homme qui, dix fois vous rencontrant dans une heure vous salue à chaque fois, est un imbécile. Celui qui, vous voyant le soir dans un lieu écarté, en compagnie d'une seule dame, ne vous salue pas, est un homme qui sait vivre.

Le mari salue l'amant de sa femme d'un air protecteur; l'amant sourit en rendant son salut; deux amants rivaux se pincent les lèvres en cette circonstance. L'amitié salue de la main seulement; l'amour seulement du regard. Deux hommes qui se sont connus chez une femme galante se disent bonjour en riant; ils prennent un air grave s'ils ont fait connaissance à un enterrement.

Deux hommes qui se méprisent se saluent très révérencieusement; très affectueusement s'ils ont peur l'un de l'autre.

Le créancier salue avec embarras, le débiteur avec légèreté.

L'homme qui porte un faux toupet ou une perruque salue le moins possible; le moindre mouvement de son chapeau lui cause de mortelles frayeurs.

CHAPITRE VI

TYPES ET CARACTÈRES RÉSULTANT DE LA SIMILITUDE
QUI EXISTE ENTRE L'HOMME ET LES ANIMAUX.

Buffon, après Aristote, Gallien, Gesner, Aldrovande et Johnston, Clusius, Hernandès, Margrave et Yontius, a admirablement décrit les formes, les mœurs et les instincts des animaux. Mais on chercherait vainement dans ses tableaux vivants les rapports, les similitudes et les rapprochements qui existent incontestablement entre l'homme et les animaux.

Cuvier, Blainville, Müller, Meckel et Wagner, sont d'admirables auteurs d'anatomie et de physiologie comparée : tous ces savants n'ont rien vu autre chose dans les animaux que des mammifères, des oiseaux, des reptiles, des poissons, des annélides, des mollusques, des zoophytes et des insectes; aucun d'eux n'a songé à signaler les rapports physiques et moraux que la main mystérieuse du Créateur a mis entre l'homme et ses compagnons zoologiques.

Selon Aristote, certains traits du visage humain nous rappellent l'idée de quelque animal. Le savant Porta, physicien célèbre, qui a fait faire des pas à la science et qui a préparé les découvertes photographiques dont nous jouissons aujourd'hui, a été plus loin dans son *Traité de physionomie*, où il compare les figures humaines aux figures des animaux, pour juger les hommes par le naturel de l'animal dont ils simulent un peu les traits.

L'étude de ces ressemblances étranges, mais incontestables, qu'on remarque entre certains animaux et certains hommes est des plus intéressantes. Le vulgaire, qui a plus de bon sens naturel que les prétendus savants, a peint d'un seul mot le caractère, vices ou vertus d'un homme, en le montrant au doigt, en s'écriant : C'est un chien !... ou bien un aigle !... Tous les défauts et toutes les qualités sociales, il les a caractérisés par une seule appellation, et jamais il ne s'est trompé dans l'application. Toujours cette appellation fut juste, ce dont on peut se convaincre en consultant les descriptions comparées que nous donnons ci-après.

AIGLE

L'aigle est le roi des oiseaux; Rome et la France en firent le signe auguste de leur puissance. Autrefois, lorsqu'on voulait désigner le prince de l'éloquence sacrée, on disait : l'aigle de Meaux. Cette appellation a sans doute beaucoup perdu de sa primitive signification, car aujourd'hui elle exprime le contraire de ce qu'elle disait autrefois. Lorsque vous entendrez quelqu'un s'écrier en parlant d'un homme : C'est un aigle! tenez pour certain que cela peut se traduire par : c'est un imbécile ou un sot! Chaque famille, chaque société a son aigle.

Les premières années du DIX-NEUVIÈME siècle ont fourni énormément d'aigles; elles ont vu éclore bien des Mirabeaux à la tribune, bien des Colberts dans l'administration, bien des Molières au théâtre et bien des Aristides dans la société. Mirabeau disait : Quand on sait les quatre règles, qu'on peut conjuguer le verbe *avoir*, on est un aigle en finances : et Gresset a ajouté :

L'aigle d'une maison n'est qu'un sot dans une autre.

AIGREFIN

L'aigrefin est une sorte de poisson tenant le milieu entre la morue et le merlan, qui vit entre deux eaux et se nourrit de petits poissons.

Dans la société, c'est une sorte de chevalier d'industrie, un escroc adroit, souple, rusé, malin et cauteleux, qui n'est pas du goût de tout le monde. Il tient de Tartufe et de Mascarille, se fait dévot ou athée selon les circonstances. C'est un mélange d'huile d'olive et de vinaigre des quatre voleurs; bonhomme au demeurant et ne désirant qu'une chose : votre bien, tout en vous prodiguant les plus touchantes assurances de son respect et de son attachement.

ANE

L'âne humain est un mortel à petites passions,
à idées rétrécies, à vues courtes; comme il n'a
jamais rien appris, il n'estime personne à sa
valeur intellectuelle; s'il est méchant, c'est par
bêtise, et s'il fait le mal c'est parce qu'il le dis-
cerne rarement du bien. Ignorant à l'excès, il n'a
aucune notion des choses les plus élémentaires.
Il est lourd, lent, paresseux et têtu.

Les petites villes sont le séjour naturel de ces
bipèdes, moins rares qu'on ne pense. La médisance est leur partage.

ARAIGNÉE

L'araignée, insecte très commun, dont il existe un très grand nombre d'espèces, est douée de la faculté spéciale de tendre des toiles habilement ourdies, dans lesquelles viennent infailliblement se prendre toutes les mouches qui ont l'imprudence de s'y jeter.

L'araignée humaine est une espèce de femme dont l'horrible métier consiste à s'embusquer, le soir, au coin de certaines rues, et à saisir sa proie au passage. Les araignées de ce genre sont nombreuses dans les grandes villes; elles sont presque toutes venimeuses, et communiquent leur virus à tout ce qu'elles touchent. Les victimes les plus ordinaires des araignées sont les mouches et les papillons humains; ces derniers, volages et inconstants par nature, échappent rarement au piége, et plus d'un y perd ses ailes.

La police les tolère, afin de restreindre et de calmer l'exubérance des passions naturelles.

BABILLARD

Le babillard est un petit oiseau gobe-mouches, vert, de la Caroline, dont le gazouillement est perpétuel. Ce bruyant oiseau jacasse du matin au soir et jette véritablement le trouble dans la paisible existence de tous les hôtes des bois.

Les grandes et les petites villes sont infestées de babillards, dont le bec n'est bon qu'à siffler et non à mordre. Leur voisinage est cependant dangereux pour tout le monde, car à force de siffler, de crier et de faire tapage, ils exaspèrent tous ceux qui les entourent, et finissent par les faire battre entre eux. Ils ont la rage de se lier avec tous les passants pour savoir d'où ils viennent, où ils vont, ce qu'ils sont, ce qu'ils veulent, et finissent par les obliger à aller chercher le repos dans un lieu plus éloigné.

Les babillards, dans certains quartiers, se rassemblent et dissertent des matinées entières sur les choses les plus insignifiantes ou sur le moindre accident, qui devient dans leur bec une horrible catastrophe. Il n'est pas rare qu'après le conseil le bruit se répande dans la contrée qu'un grand malheur est arrivé.

Les femmes ont le monopole de ce genre de babil ; monopole n'est pas le vrai mot, car on a remarqué qu'en ceci beaucoup d'hommes sont des femmes. Toutes leurs épouses ont dans leur gosier des cordes plus sonores, dont les anatomistes ont constaté la meilleure élasticité.

Les babillards, en général, sont toujours méchants, mais ils sont lâches.

BARBET.

Le barbet est un chien à poils longs et frisés, ayant la spécialité de se crotter et de s'attacher jusqu'à la mort à celui qui veut bien le recevoir.

L'homme barbet est celui qui a divorcé avec la brosse et le vernis, et qui ne fait usage de la vergette que dans les plus solennelles occasions de la vie. Il est des barbets de ce genre qui portent à l'excès le respect, les égards, la complaisance, et qui ne vous quittent pas plus que votre ombre, veulent être dans tous vos secrets, sous prétexte qu'un ami doit partager la peine et le plaisir ; ils vous obsèdent de leur présence, se mettent en travers de tous vos projets et vous imposent le fardeau de leur intimité.

Le barbet dîne toujours à la table de son ami ; il vante son vin, fête ses entremets, brûle son bois et prend place au feu et à la chandelle ; il passe sa vie à vous suivre. Mourez .... il suivra encore votre convoi comme un barbet.

BÉCASSE

La bécasse est un passereau longirostre, le plus stupide et le plus obtus des oiseaux. Son vol n'est ni élevé ni soutenu ; il bat des ailes comme s'il allait s'élever jusqu'au soleil, fait un crochet et tombe lourdement, ainsi qu'une masse abandonnée à son propre poids.

L'homme-bécasse se reconnaît facilement à un certain air d'importance, qu'il ne manque jamais de se donner ; il porte la tête haute, le nez au vent, entame de longues phrases qu'il ne peut achever et retombe lourdement dans un silence qu'il ne devait jamais quitter ; mais il n'est pas sans exemple qu'il parvienne aux emplois, aux honneurs et même au pouvoir.

Le chant de ce genre de bécasse est un jargon particulier qui n'est compris que par les bécasses.

Les bécasses femelles sont cent fois pires encore que les mâles · sottes en naissant, elles deviennent intolérables par l'éducation. La toilette est toute leur science, et encore n'ont-elles

pas le goût indispensable à ce genre de futilité;
elles se marient sans savoir pourquoi, parce que
c'est l'usage; elles ont un perroquet et un king-
charles par imitation. Après bien des inepties,
qui les rendent la fable de la société, elles finissent par se faire dévotes, toujours pour faire
comme leurs devancières; elles font enrager leur
mari et jurer leurs domestiques, et elles meurent
couvertes de chapelets, de reliques et d'indulgences.

Le bécasseau, qu'on nomme encore cul-blanc,
pied-vert, pivette et sifflasson, a toutes les qualités nécessaires pour faire plus tard une parfaite bécasse; il est fort en thème, vise au
bacalauréat et se fourre les doigts dans le nez;
c'est un grand dadais à qui son papa fait cinq
sous de prêt par dimanche. A quinze ans, il est
en sixième; à vingt ans, il est chauffé à point
pour le diplôme; il fait son droit chez sa maman
et finit par épouser une bécassine.

La bécassine est une jeune demoiselle attendant un bécasseau pour passer bécasse; elle a
un long nez, un long corps, de longs bras et de
longs pieds; on la met de bonne heure dans une
volière grillée, où d'expertes bécasses lui ensei-

gent tout ce que sa future liberté s'empressera
de lui faire oublier, et l'on s'y prend de telle
sorte que la plupart de ces impatientes captives
rêvent à la façon de tomber le plus vite possible
dans le danger qui les attend.

En automne, les mères des bécassines les
conduisent la nuit dans certains endroits fréquentés par des bécasseaux en quête de compagnes,
en déguisant la longueur de leur bec, de leurs
pattes, et on leur fait une taille que les artistes
de l'espèce savent rendre gracieuse en en déguisant les imperfections. Leur grand moyen de
séduction consiste à sauter alternativement sur
une patte, puis sur une autre, et c'est dans ces
réunions assez tumultueuses que se nouent les
petites intrigues qui mènent au mariage. Lorsque les réunions de l'hiver n'ont pas abouti, les
bécassines, au printemps, s'envolent vers le bord
des eaux où dans les herbages: là elles se
livrent à toute l'excentricité d'une villégiature
où la surveillance des mères est souvent en
défaut. Il en résulte des unions plus ou moins
bien assorties. Les vieux renards sont friands
de ce gibier et il arrive fréquemment que le loup
le croque.

BICHON

Le bichon est un petit chien provenant du croisement du barbet et de l'épagneul; ce charmant petit animal est d'origine maltaise, dont le nom est diminutif de barbichon.

Pour être un bichon bipède, il faut certaines qualités indispensables, sans lesquelles on tombe dans le ridicule et dans la caricature; un gros ventre, une grosse tête et de gros yeux, ne peuvent jamais supporter cette mignonne appellation. Plus on est facile dans le desserrement des cordons de la bourse à l'égard de la femme, plus on est bichon. Un cachemire enrôle immédiatement dans les rangs fortunés de ces intéressantes petites bêtes; si l'on pousse jusqu'à l'équipage, on est le roi des bichons. Etre bichon, pourtant, n'est pas une mince affaire; avec toutes les apparences d'une sinécure, c'est une fonction qui a ses exigences et ses devoirs.

Toutes les femmes libres ont un bichon et,

depuis quelques années, elles s'en sont fait une
sorte de prospectus et d'enseigne, qui indique
leur profession ; on les voit sillonner les boule-
vards, escortées d'un bichon quadrupède, ou
bipède, qui les guide comme des aveugles à
travers les hasards du cœur humain. Elles le
tiennent en laisse, et, si le bichon les conduit,
ce sont elles qui le mènent ; elles le pomponnent,
l'attifent et le gorgent de bonbons et de caresses.
Aussi, lorsqu'elles veulent prodiguer à quelqu'un
les marques de leur tendresse, ne trouvent-elles
pas d'expression plus tendre que celle de : *Mon
bichon chéri!*

BRAQUE

Le braque est un chien qui poursuit et fait lever le gibier. Ce genre de chien est fort étourdi ; il va, vient, jappe, et la plupart du temps fait envoler les perdreaux sans les arrêter.

L'homme-braque est léger et souvent distrait ; il a des absences d'esprit qui le mettent en désaccord avec sa volonté. Il peut néanmoins être un homme d'infiniment d'esprit et même de génie : les distractions sont le résultat d'une surabondance de pensées qui se croisent dans l'imagination et l'égarent. Or l'imbécile et surtout le fat, n'ayant ni pensées abondantes ni imagination développée, ne sont pas sujets à ces aberrations momentanées ; mais un braque peut devenir fou.

BUFFLE

Le buffle vit à l'état sauvage en Afrique et en Asie; c'est une terrible bête à corne qui beugle, mugit et creuse du pied la terre, en se battant les flancs de sa queue redoutable; il écume de fureur; il menace des pieds, des dents et du front; mais on est parvenu à le domestiquer en Italie, en l'attachant par les cornes et en lui passant un anneau aux narines. C'est tout le secret de la faiblesse contre la force brutale, de la ruse contre la colère aveugle.

Le buffle humain est le plus commun des hommes, réduit à la domesticité par le joug conjugal. De là vient le proverbe appliqué à l'homme brutal, que sa femme trouve moyen de mener par le nez comme un buffle.

Certaines femmes, en guise d'anneau, se servent de leurs sourires ou de leurs larmes, de eurs câlineries ou de leur colère; elles savent tour à tour exciter l'amour ou la jalousie, élever l'homme dans les radieuses hauteurs de la sécurité ou le précipiter soudain vers les béants et sombres abîmes du désespoir. A un moment donné, elles adoucissent leurs regards, elles sourient, tendent les mains ; l'homme accourt tout meurtri, il baisse la tête, tend la figure : l'anneau est passé.

On dit aussi, en parlant d'un imbécile très borné : C'est un vrai buffle. Il n'est pas besoin d'être marié pour cela.

BUSE

La buse est de la famille des faucons; c'est le plus stupide des oiseaux de proie : rien n'égale sa nullité.

Les buses humaines sont des gens à passions mesquines, à courte vue, à crâne obtus, qui s'entêtent, se buttent et se cramponnent sur une idée, et qui s'y attachent en raison directe des efforts tentés pour leur faire entendre raison. Converser avec eux est chose radicalement impossible : leur langue n'a pas plus de mots que leur tête d'idées.

Toutes les buses d'une localité se réunissent à certaines heures du jour, dans les endroits qu'elles affectionnent : c'est ordinairement le mail, la place principale, le cours, le boulevard et les remparts de la ville ; et là, pendant des heures entières, elles se chauffent au soleil sans penser à rien ; ou bien, si parfois elles font entendre les gloussements de leur patois indigène, c'est pour déchirer le prochain ou pour critiquer la politique européenne.

BUTOR

Le butor est un gros oiseau qui habite les marais ; ses mouvements sont brusques et son cri est rauque et fort.

Le butor humain est impertinent sans le savoir, méchant sans s'en douter et détesté sans s'en apercevoir ; sa brusquerie est une affaire de tempérament, et il ne lui est pas plus possible d'être doux, affable et poli, que d'être gras ou maigre, grand ou petit. Il a si peu la conscience de sa rudesse, qu'il s'étonne toujours qu'on lui reproche l'âpreté de son caractère ; il tient de la bourrique et du sanglier. Il procède par ruades, dont la brutalité est devenue proverbiale.

CAILLETTE

Le pétrel ou caillette est un oiseau de la famille des siphorins, qui bavarde sans cesse et trouble tous les autres par son caquet continuel.

La femme futile, constamment occupée de tout ce qui se passe, de tout ce qui se dit et se fait, qui colporte les nouvelles, propage les médisances et emploie son oisiveté à faire des cancans sur le tiers et le quart, est une caillette. Babillarde, frivole et inconsidérée, il faut qu'elle jase sur tous et sur tout. Ce genre de caillette se trouve dans les petites villes, où la stérilité de l'esprit féminin laisse de grandes places aux plantes parasites de l'imagination.

CAMÉLÉON

Le caméléon, sorte de reptile lézard, possède la faculté de changer de couleur, suivant la réflexion des rayons du soleil.

Le caméléon humain résume tous les vices et adopte tous les moyens de tromper, dont aucun ne lui semble mauvais. Il change ses opinions et fausse ses serments au gré de ses intérêts. Constant dans son inconstance, il a le cynisme de l'audace et l'expérience de l'impunité; les grands en ont peur et les petits le méprisent : c'est sur cette double base qu'il pose le marche-pied de son élévation.

Il existe dans la société une classe de caméléons qui de tout temps se sont faits remarquer par leur aptitude au changement à vue : ce sont les courtisans, gens habiles, adroits, fins, rusés, souples, effrontés et surtout insatiables, qui convoitent tout... fors l'honneur. Rien ne leur coûte pour arriver à leur but; ils se font vertueux ou cyniques, bigots ou athées, insolents ou rampants, selon les bons plaisirs du maître, et, pour lui plaire, ils vont jusqu'à singer ses imperfections morales et ses défauts physiques.

CHANTEUR

Le chanteur est une sorte de faucon ou d'épervier carnivore et rapace. C'est le seul des oiseaux de proie qui ait une voix harmonieuse.

Le chanteur, de nos jours, est un petit-maître en habit noir, en cravate blanche, frisé, papilloté; il ne boit que de l'eau d'Arcueil pour ménager son larynx, porte de la flanelle pour protéger ses bronches et met des bas de laine sous ses bas de soie pour ne pas gagner de refroidissement. Il mange des pastilles de gomme, fume des cigarettes de camphre, avale des jaunes d'œuf et prend des lavements pour s'éclaircir la voix. Qu'ont de commun toutes ces afféteries de pose, de gestes, de modulations mignardes, tous ces gargarismes de trilles et de cadences vieillotes, tous ces ridicules tours de force de la glotte qui ne sont que les grossiers artifices d'une impuissance mal déguisée : qu'ont de

commun toutes ces stupides rossignolades avec
les pures et naturelles voix des hommes qui
chantaient les grandeurs du ciel, les bonnes
choses de la terre et toutes les splendeurs de la
création universelle?

L'épervier chanteur est très rapace ; c'est là
seulement ce que presque tous les chanteurs
aujourd'hui ont de commun avec lui ; leur dia-
pason, c'est l'argent, et c'est le *drin-drin* de
l'or qui leur donne le *la*.

CHENILLE

La chenille est une sorte d'insecte, dont il existe un très grand nombre d'espèces, qui a le corps allongé, composé de douze parties que l'on nomme anneaux, d'une tête écailleuse garnie de deux dents, de seize jambes au plus et jamais moins de huit, dont six sont écailleuses et les autres membraneuses.

La chenille humaine est humble, laide, impure, venimeuse, vorace et toujours rampante : elle ronge ou salit tout ce qu'elle touche. Elle est douée d'une telle ténacité, qu'il n'est pas rare de la voir se traîner patiemment dans la boue pendant plusieurs années, puis grimper lentement à l'arbre de la vie, s'y hisser avec les plus grands efforts, et arriver sourdement à la cime, dont elle se met alors à dévorer tout le feuillage jusqu'au tronc. Il y en a d'autres qui, vivant sur d'autres feuilles, passent leur vie à baver leur venin sur toutes les fleurs qui naissent. On appelait jadis ces chenilles des zoïles.

Certaines villes, administrations, corporations, bureaux et manufactures, sont infectés de ces insectes, qui pullulent d'une façon désespérante, et s'arrangent toujours de façon à déposer leurs œufs dans de bons endroits. Lorsque les chenilles meurent, leur innombrable postérité éclot toute seule au soleil et exploite l'arbre dont vivaient les aïeux.

CHOUETTE

La chouette est un affreux oiseau de nuit, de la race des hibous, des orfraies, des chats-huants et des chouans.

La chouette humaine est une de ces immondes créatures qui, après avoir traîné leur jeunesse et leur beauté dans tous les égouts du vice, vont cacher leur décrépitude et leur hideur dans le creux de quelque cloaque plus impur encore. Leur souffle est un poison, leurs baisers ont l'odeur cadavérique; et, si un reflet de lune vient éclairer l'antre de leurs infâmes amours, celui qui s'y est laissé prendre s'enfuit bien vite en croyant voir la plus dégoûtante des sorcières de Macbeth.

COUCOU

Le coucou est un oiseau de passage; son cri et son plumage ne sont pas plus gracieux que son nom, et sa femelle a une habitude assez étrange : c'est de ne point construire de nid et d'aller pondre dans celui des autres oiseaux; de sorte que le coucou n'est jamais bien certain que ses petits sont à lui ou à d'autres. Une autre singularité de cet oiseau, c'est de ne voir presque pas en plein jour et de croire que tous les coups de fusil qu'on tire sur lui s'adressent à ses voisins. Le coucou cornu, que les Brésiliens nomment Atingacucamucu, est une variété du genre : il a sur la tête de longues plumes, qu'il relève à volonté, et qui ressemblent à des cornes; son bec est jaune... Cette couleur est un peu celle des coucous de France, quand aux cornes.

La plupart des coucous humains sont d'excellents pères de famille, d'honnêtes citoyens payant régulièrement leurs contributions, et c'est fort heureux; car si tous les oiseaux de cette catégorie se mettaient à conspirer contre la morale et contre l'autorité, il n'y aurait pas d'armée assez nombreuse pour combattre leurs légions, pas de voix assez puissante pour se faire entendre dans tous les coins du globe où pullulent les coucous.

COUSIN

Le cousin est un genre d'insecte dont la piqûre et le bourdonnement sont fort importuns; aussi l'homme prudent s'empresse-t-il de le chasser lorsqu'il s'avise de vouloir s'impatroniser chez lui.

Le cousin humain est une sorte de frère qui s'implante dans la famille, et c'est toujours quand il a monté d'un gros degré dans la parenté qu'on s'aperçoit qu'il est trop tard pour le faire descendre. Un cousin s'installe dans votre domicile, sans la moindre cérémonie, prend votre place et votre fauteuil au coin de votre feu, mange vos poulardes, boit votre meilleur vin, puise dans votre caisse, tombe malade, vous force à le soigner, meurt dans vos draps, et vous laisse la consolation de payer le médecin, l'apothicaire et les funérailles. S'il vous lègue quelque chose, c'est généralement le plaisir de payer ses dettes.

On dit en général : « Nous ne sommes pas cousins, » pour exprimer l'idée qu'on n'est pas bien ensemble, et, dans certains cas, cousin est synonyme d'ennemi... et d'ennemi au premier degré.

———

CROCODILE

Le crocodile est un genre de reptile de la famille des lézards, qui habite les bords de plusieurs rivières en Afrique.

En France, le crocodile est un usurier des plus rusés et voraces, qui guette les fils de famille à qui les générosités paternelles ne suffisent pas; ceux dont les passions sont plus vastes que le porte-monnaie; toutes les jeunes organisations pressées de jouir du présent et d'escompter l'avenir, qui ne peuvent manquer, un jour ou l'autre, de tomber dans sa gueule béante, qui s'ouvre complaisamment sur leur passage. Là le crocodile leur ménage toutes sortes de félicités, en leur offrant d'escompter des billets à 90 jours, avec un léger droit, qui ne montera pas plus haut que 70 %; le reste sera compté en espèces métalliques de cours. On ne débourse rien, et le crocodile ne vous demande qu'une

lettre de change, qu'il se gardera sévèrement
de présenter avant l'échéance. C'est un ami qui,
pour vous obliger, risque de gagner beaucoup,
sans s'exposer à jamais rien perdre. Il est prudent, voilà tout; il compatit aux misères de
l'inexpérience, et, s'il en profite, c'est parce qu'il
sait que d'autres pourraient en abuser.

ÉCUREUIL

L'écureuil est un petit animal quadrupède, un peu plus gros qu'une belette, et qui a une longue queue garnie de longs poils, qu'il relève et dont il se couvre comme d'un panache. C'est un genre mammifère de l'ordre des rongeurs. Il se trouve dans les quatre parties du monde. L'écureuil n'est qu'à demi sauvage, et par sa gentillesse, sa docilité, par l'innocence même de ses mœurs, il mériterait d'être épargné; il est propre, vif, très alerte, très éveillé, très industrieux; il a les yeux pleins de feu, la physionomie fine, le corps nerveux, les membres très dispos.

Vif comme un écureuil est une expression vulgaire qui peint admirablement le caractère et les allures de certains individus toujours en mouvement. Gais, légers, remuants, sans cesse frétillants et vivifiant ce qui les entoure, antipathiques à l'immobilité, ils aimeraient mieux tourner sur eux-mêmes que de rester en place, car il faut qu'ils remuent, et ils remuent sans trêve ni repos. Du moins ils ne gênent personne, car, extrêmement adroits, ils ont le talent de s'agiter sans troubler les autres, et ils s'insinuent, se glissent, circulent et passent à travers la foule sans jamais heurter qui que ce soit.

ÉTOURNEAU

L'étourneau est un oiseau de l'ordre des oiseaux sylvains et de la famille des leimonites; il est très étourdi et se nourrit de fruits et d'insectes.

L'homme qu'on appelle étourneau est léger, inconsidéré, distrait et quelque peu vaniteux; il ne calcule aucune de ses actions, il se jette à à travers les discussions les plus sérieuses, sans s'inquiéter du trouble qu'il y peut apporter. Dans toute affaire où il s'agit de prendre une détermination et de porter un jugement, il fait précisément le contraire de ce que commandent la logique et le bon sens. Il peut faire beaucoup de mal sans le vouloir et sans le savoir. Il est de plus incapable tout en se croyant très fort.

FAUVETTE

La fauvette est un petit oiseau dont il existe
un grand nombre d'espèces; sa voix est fort
agréable et est plutôt un ramage qu'un chant.
Elle saute et gazouille le long des haies d'aubépine, sur les charmilles des petits jardins, et
dans les humbles buissons des jardins potagers.

La fauvette humaine est une gracieuse chan-
teuse, mais d'un ordre secondaire; elle brille
dans les concerts, dans les salons et sur les petits théâtres de société; elle chante dans les
matinées à bénéfice, et se fait applaudir en faisant le bien. Mais, hélas! la plupart des fauvettes
ambitionnent les bruyants succès des chanteuses
de premier ordre, alors elles se lancent sur les
grandes scènes. L'opéra est l'unique but de
leurs impuissants efforts : abordant la roulade et
les rudes difficultés de l'art, elles s'y brisent la
voix; leur chant, si gracieux dans les concerts et

les salons, n'a plus l'ampleur nécessaire pour s'harmoniser avec les larges espaces qui l'environnent; l'écho ne redit qu'imparfaitement leurs molles fioritures, et elles y perdent le peu de gosier et de talent qu'elles devaient à la nature.

FILOU

Le filou est un poisson assez commun dans la mer des Indes, qui, incapable de trouver sa nourriture lui-même, se met à la piste des gros cétacés, les suit, et va leur ravir leur proie jusque dans l'intérieur de la gueule.

Le filou, dans la société, est celui qui est incapable d'escroquer 100,000 fr., mais dont le génie consiste à escamoter quelques pièces de cent sous. S'il a un compte à régler avec quelqu'un, il fera gonfler son mémoire, et, si l'on ne prend pas soin de le faire acquitter, on est certain de payer deux fois. S'il parie à l'écarté, il y aura inévitablement une erreur dans le payement des cartes. S'il tient le jeu, il retourne le roi quatre fois sur cinq, avec dame et valet en main; s'il est voisin d'un jardin, gare aux fruits du verger; s'il entre chez quelqu'un, malheur aux quelques objets précieux et aux petites pièces de

monnaie qui se promènent en sentinelle perdues.
En affaires il est finassier, malin et friponneau,
tout en protestant de sa probité et de son désintéressement; il a toujours recours aux actes
sous seing privé pour éviter les frais du notaire,
qui est sa bête noire. Voilà ce que l'on appelle
le filou honnête, qui écorniffle prudemment le
Code pénal. Il est une autre classe de filous,
composée de gaillards adroits, subtils et audacieux, qui ont fait une étude spéciale de leur
art; les trottoirs, les lieux publics, les églises,
les théâtres, les bals, les guinguettes, offrent à
leur ardeur un élément dont ils savent profiter
avec un merveilleux empressement. Le filou qui
a fait de fortes études préparatoires et pratiques
ne tarde pas à devenir voleur pour satisfaire ses
ambitions, et il n'est pas rare qu'il aille finir ses
jours dans la retraite de Toulon ou de Brest.
Dans tous les cas, il meurt toujours innocent.

FOUINE

La fouine est un mammifère de l'ordre des carnassiers et de la famille des martres ; c'est un animal très sanguinaire, qui s'introduit furtivement la nuit dans les poulaillers, les pigeonniers, pour y sucer le sang de ses victimes et manger les œufs.

La fouine bipède est une femme curieuse et méchante, qui va fureter dans tous les intérieurs de ménage pour déchirer la réputation d'autrui. Elle se livre à la calomnie en grand.

Ce genre de fouine est généralement une dévote vieille et laide, qui a plus peur du diable que du bon Dieu.

FRELON

Le frelon est un insecte du genre des guêpes, plus grand que ces dernières et plus dangereux par sa piqûre. Cet insecte se nourrit du miel des abeilles qu'il va sucer dans les ruches.

Chez tous les peuples et de tous les temps, les maîtres d'école ont indiqué les œuvres et les ouvrages qu'il faut piller ou imiter; et la preuve, c'est que tous les élèves d'un maître ont la même manière, qui n'est autre chose que l'habitude de copier et d'imiter les mêmes modèles. Du reste, parmi tous ceux qui manient le pinceau, le burin, la plume ou le ciseau, pas un n'a résisté à la propension de l'imitation plus ou moins.

Les chefs d'école, qui ne sont pas toujours des abeilles, tant s'en faut, dressent des frelons au grand art de l'imitation. De là vient que les arts ont leurs frelons comme la littérature. Un peintre a une vierge à mettre dans son tableau; il

12

copie une tête de Raphaël, un buste de Murillo,
des mains de Léonard de Vinci et des draperies
du Titien; il amalgame tout cela, signe son œuvre, et voilà le progrès, le génie et le perfec-
tionnement qui ont toujours eu lieu et qui se
continueront toujours, n'en déplaise aux égoïstes.

FURET

Le furet est un petit mammifère du genre des
martres, qui a une grande aptitude à aller dé-
busquer les lapins dans leurs terriers. Quels que
soient les obstacles, il sait les vaincre et découvrir le gibier, qui rarement échappe à la persistance de ses patientes investigations.

Le furet humain est ordinairement un petit
rentier ou marchand retiré des affaires, qui serait
mort d'ennui si le Dieu des bourgeois ne lui eût
inspiré la salutaire pensée d'utiliser les moments
perdus. C'est un homme astucieux, qui s'en-
quiert de tout, est à la piste de toutes les nouvelles et passe le reste de sa vie à éventer les
secrets. Dès son lever il visite tous les coins de
sa demeure, inspecte le sable de son jardin s'il
en a, les espagnolettes de ses fenêtres; il inspecte
sa cuisine, soulève les couvercles des casseroles,
goûte les sauces et renverse le pot-au-feu; cela

fait, il se glisse en ville, lève les yeux vers les persiennes qui s'entr'ouvrent, les baisse en même temps sur les soupiraux de cave qui peuvent recéler un mystère, interroge adroitement les bonnes qui vont aux provisions, cause avec les laitières, se lie avec le perruquier qui va raser ses pratiques, et apprend ainsi tout ce qui se dit, se fait, se pense dans son endroit. Pas une nouvelle ne lui échappe; quand il n'y en a pas, il en fait. Pas un mariage ne se conclut sans qu'il connaisse la dot et le contrat, les défauts et qualités des conjoints. Il ne se donne pas un dîner ou un repas sans qu'il puisse d'avance tracer le menu exact; pas une mort n'arrive sans qu'il sache au juste le montant de la fortune que le défunt laisse à chacun de ses héritiers.

Le furet, qui surveille tous les ménages qui l'entourent, ne s'aperçoit pas que son propre terrier est exploité par d'autres. Sa vie est heureuse parce qu'elle est active et pleine de malice et de méchanceté.

GEAI

Le geai est un oiseau de l'ordre des sylvains et de la famille des coraces; son plumage est bizarre; il habite les bois. Il apprend facilement à prononcer des discours qu'il ne comprend pas; il dérobe tout ce qui lui tombe sous la patte.

Le monde a toujours été plein de geais. Le geai le plus célèbre est Améric Vespuce, qui donna son nom à un monde que Colomb, après d'autres, avait découvert bien avant lui. Héron, d'Alexandrie, qui fit connaître la force motrice de la vapeur cent vingt ans avant notre ère ; les Chinois, qui se servaient de la poudre à canon bien avant que le quadrisaïeul fut né; les Vénitiens, qui se dirigeaient à travers la mer Rouge au moyen de la boussole, plus d'un siècle avant Flavio de Gioja; les Grecs de Périclès, qui

allumaient leurs lampes deux mille ans avant
M. Quinquet..., tous ces gens-là ont été déplu-
més par des geais, dont l'humanité ne saurait
assez honorer la mémoire, et Dieu seul sait tout
ce que les geais nous apprendront à l'avenir.

———

GOBE-MOUCHES

Le gobe-mouches est un oiseau de la famille des dentirostres, qui se nourrit d'insectes et de mouches qu'il attrappe au vol; il a le bec dentelé.

Le gobe-mouches humain est naïf, curieux et badaud à l'excès; il happe toutes les bourdes qu'on offre à la voracité de sa bêtise; dupe sans cesse et se faisant duper toujours, il ne nuit pas qu'à lui-même : il est très préjudiciable aux autres, il fait le mal avec les meilleures intentions, et il est d'autant plus dangereux qu'il ne croit pas l'être.

GOULU

Le goulu est un mammifère sauvage d'un pelage fort noir ; divers oiseaux, tels que le monet et le cormoran, portent ce nom significatif, qui peint leurs instincts voraces.

Le goulu est un personnage que le repas le plus monstrueux ne saurait effrayer ; il mange pour le plaisir de manger, et il le fait toujours sans tact et sans discernement. Le goulu avale avec une avidité si passionnée, qu'il ne sait pas, les trois quarts du temps, ce qu'il s'ingère ; il est goinfre et glouton tout à la fois.

On peut être très gourmand sans être goulu.

GRISET

Le griset est un petit oiseau, chardonneret à plumes jaunes et rouges, qui voltige le long des buissons et des haies d'aubépine, en sifflotant du soir au matin et du matin au soir ; il est tapageur et paresseux ; il cherche querelle à tous les petits oiseaux et s'endort au soleil après la bataille.

Le griset humain se trouve dans les chaudes contrées du Midi, et particulièrement dans les faubourgs de Toulouse. C'est une sorte de lazarone qui adore le plaisir sous toutes les formes, pourvu qu'il ne lui donne aucune peine à goûter ; la gaîté la plus folle ne le quitte jamais, il se livre au calembour avec fureur, et il aime à raconter des histoires prodigieuses, dont il est toujours le principal héros. Le griset est souvent hargneux et batailleur ; aussi ne se fait-il faute de chercher dispute aux jolis garçons qui regardent de trop près la grisette qu'il a au bras. Les étudiants sont les ennemis naturels du griset. Du reste, il est bon enfant et n'a jamais de rancune; c'est un être à part, c'est un type tout languedocien, qui ne vit que de chansons, de fleurs, de tapage et de *far-niente*.

Les grisettes sont des fauvettes dont il existe plusieurs espèces; elles sont facilement apprivoisées par les étudiants et les militaires; elles s'y cramponnent, elles s'y attachent, aux premiers par affection, aux derniers par tempérament. Elles sont sobres par nécessité, économes six jours de la semaine, et d'une prodigalité telle le septième, qu'il est difficile de trouver cinquante centimes dans leur poche un lundi à sept heures du matin. Rarement elles sont tristes; un bol de punch, une polka au Catelan, leur font oublier les plus grandes catastrophes. Elles sont d'un dévouement qui n'a d'égal que leur inconstance : aujourd'hui au bras d'un étudiant en médecine, demain perchées sur les genoux d'un tambour-major; elles sont filles à se faire tuer pour l'un et l'autre indistinctement : elles vendront jusqu'à leurs bottines pour procurer un cigare à l'objet aimé, et elles n'hésiteront

pas à croquer dans un souper tout l'argent que
ce même objet réservait pour les nécessités
inexorables du trimestre. Elles savent tout Bé-
ranger par cœur, c'est leur poëte ; leurs man-
sardes retentissent des plus étourdissants refrains.
A l'époque de la majorité, elles disparaissent
tout à coup et s'envolent sans doute vers des
rivages inconnus. Les uns disent qu'on les re-
trouve parfois dans d'autres contrées et qu'elles
finissent par se métamorphoser en araignées.
D'autres affirment qu'elles se résignent au mariage et qu'alors elles s'accouplent à quelque
bécasseau qui passe bien vite coucou.

HUITRE

L'huître est un genre de coquille de la classe des bivalves; elle naît et vit sur les rochers d'Ostende, de Cancale et pas mal de rochers océaniques; elle jouit d'une existence passive assez comparable à la vie fossile.

L'huître humaine naît et vit toujours dans les petites villes; il y en a qui meurent sans jamais être sorties des limites de leur octroi. Tout mouvement, toute innovation, tout progrès les effrayent; l'invention des chemins de fer est à leurs yeux le premier chapitre de la fin du monde, et il est impossible d'arriver à leur démontrer les avantages d'une rapide locomotion. L'huître humaine considère Paris comme une immense forêt de Bondy, dont tous les citoyens sont des Cartouches; qui croit aux histoires de pâtissiers féroces confectionnant des pâtés de chair humaine; aux ciels-de-lit qui descendent lentement,

à minuit, sur la poitrine des étrangers endormis
et les étouffent sans bruit, pour qu'on puisse
s'approprier leur malle. C'est l'huître qui croit
aux chaînes d'or de quinze centimes, aux diamants des actrices de Bobino. L'huître regarde
le théâtre comme un enfer habité par des excom-
muniés.

Si, par hasard, une huître est forcée d'aller à
Paris, il y a cent à parier contre un qu'elle y
deviendra la dupe de tous ceux qui sont à l'affût
des imbéciles qui se laissent prendre à tous les
piéges. En dehors des escroqueries dont elle sera
infailliblement victime, il n'est point d'absurdité
qu'on ne puisse lui faire accepter comme chose
très vraisemblable. Quand l'huître revient dans
sa localité, toutes ses compagnes accourent; il
faut qu'elle leur raconte l'étonnante odyssée de
son voyage; on frémit en l'écoutant, mais tout le
monde l'admire sans envier ses témérités. Puis
elle reprend son inertie native.

LINOTTE

La linotte est une espèce de petit oiseau au plumage gris, qui chante très agréablement; ce petit oiseau a une petite tête, se montre très étourdi et paraît agir sans beaucoup de réflexion.

La linotte humaine a l'esprit léger, inconsidéré et manquant de jugement. La linotte est presque toujours bon enfant, elle l'est même généralement trop, et elle est exposée à une foule d'inconvénients qui dégénèrent parfois en périls. Sa légèreté la rend fréquemment dupe, et, quelque chose qu'il advienne, elle lui fait sans cesse donner la tête la première dans les mêmes filets. L'amitié d'une linotte est quelquefois très compromettante; son amour n'a pas plus de stabilité que son imagination, pas plus de solidité que de jugement. Somme toute, c'est un oiseau qui peut amuser, mais sur lequel il ne faut jamais compter.

On rencontre des linottes de tout âge; on a

même remarqué que la vieillesse en compte souvent un plus grand nombre que l'âge mûr. On en a vu qui, à soixante ans, acquéraient tous les défauts de la jeunesse; distraits, inconséquents, sans mémoire comme sans logique. Ils croyaient se rajeunir en empruntant les imperfections d'un autre âge, comme ces vieillards chauves qui pensent conquérir une triomphante chevelure parce qu'ils achètent des perruques.

En général, les étourneaux deviennent linottes.

LION

Le lion est, comme tout le monde le sait, un animal féroce si fort et si courageux, qu'on l'appelle le roi des animaux.

La face du lion porte l'empreinte de l'énergie, du calme et de la force ; mais il est bien rare que ce caractère puisse se trouver en plein sur une face humaine. C'est par allusion qu'on a donné ce nom à tout homme faisant sensation dans le monde par une célébrité ou une originalité quelconque. Ce n'est point par les qualités morales qu'on acquiert ce titre, qui donne le grade de roi des bêtes. On devient lion à moins de frais : un pantalon d'une coupe excentrique, un chapeau affectant des intentions originales, une cravate nouée d'un certain air, un col ridicule, un gilet impossible, un habit rarement payé, une cheve-

lure richement graissée, une barbe mérovingienne
ornée de moustaches en croc : tel est le type du
lion moderne.

Le cigare joue un rôle immense dans la vie de
ce ruminant ; sa bouche moustachue est une che-
minée à vapeur, servant de canal à un courant
perpétuel de fumée. Fumer est pour lui la grande
affaire de l'existence, et il ne serait pas dérai-
sonnable d'attribuer une grande part de son
abêtissement aux qualités narcotiques du tabac.
Quelques mots semi-anglais tirés du vocabulaire
des maquignons, forment la base d'un langage
particulier à cette race, qui tient du courtier
marron, du marchand de chevaux et du garçon
de café. A l'entendre, il n'est pas de femme qui
résiste aux rapides entraînements de ses con-
quêtes ; c'est un mangeur de cœurs, qui traite
l'amour comme les chevaux..... à coups de cra-
vache. A vrai dire, c'est un fanfaron de vice, se
ruinant bêtement s'il est riche, avec des filles
qui le méprisent, le grugent et le repoussent le
jour où l'argent fait défaut. Il parle sans savoir
ce qu'il dit, et s'applique à imiter les sottises des

autres; il vit tantôt dans le monde, tantôt en bohême, et meurt le plus souvent à l'hôpital.

La lionne humaine a une nature excentrique, foulant aux pieds les usages de son sexe, traitant les formes sociales comme des préjugés, mais restant communément assez fidèle aux devoirs fondamentaux de sa position. Elle obéit aux aberrations de la tête plutôt qu'aux entraînements du cœur, et toute son ambition se borne à usurper les plaisirs, les usages, les manières, les allures et les franchises de l'homme élégant. Son costume affecte l'hermaphrodisme de ses idées : elle porte une robe de chambre, une cravate, des babouches et un bonnet grec coquettement jeté sur le coin de l'oreille; elle fume la cigarette, tire le pistolet comme Saint-Georges, et monte à cheval comme un jockey. Sa littérature est le *Journal des Haras*, le *Journal des Chasseurs*, la *Gazette du Sport*, le *Moniteur des Courses*, l'*Estafette du Turf*, etc., etc. A la bouillote, elle défie les plus audacieux du club; au whist, elle ferait schlem tous les lords du parlement, et aux échecs, les plus célèbres ne sont que des conscrits à côté d'elle. Elle dîne splendidement au

café Anglais ou au café de Paris; là une brillante
société de lionnes et de sportmens l'accueille à
grands renforts de poignées de main à l'anglaise.
Le vin de Champagne écume dans les coupes :
on parle courses, chevaux, turf, handicap, for-
fait, gentlemen-riders ; on discute mollettes,
éparvins, morve, cornage et pousse chevaline,
etc., etc. A neuf heures du soir, la lionne fait
irruption dans sa loge de l'Opéra ou d'une salle-
concert. Qu'on chante du Rossini, du Verdi, du
Weber ou du Mozart, là, pour elle, n'est pas le
mot de la soirée : il s'agit pour elle d'exhiber
une parure originale, une coiffure excentrique
ou une robe à grand effet. Se faire remarquer
est son but, et elle l'atteint toujours, car elle a
ses adorateurs ; son mari est dans les coulisses,
ses enfants en nourrice.

Le lionceau est un jeune rhétoricien qui a
échoué dans son examen du baccalauréat et qui
veut pourtant être quelque chose ; il voudrait
bien passer lion, mais il n'a pas encore de poil
au menton. Un vieux lion s'en empare et se
constitue le centaure de ce nouvel Achille. Une
raie partageant la figure en deux parties égales,

un lorgnon d'écaille fiché dans l'œil droit, une
badine de jonc et un gros cigare : telle est la
tenue d'ordonnance que le mentor commence
par prescrire au futur lion. Il le pilote dans les
bons endroits, c'est-à-dire là où d'enchanteresses
sirènes s'empressent d'étouffer tous les malen-
contreux germes de ses vertus natives. On y
chauffe son adolescence de façon à la transmuer
immédiatement en vieillesse, sans passer par les
trop longs sentiers de la jeunesse ; et, à vingt-
deux ans, notre lionceau a la consolation de
pouvoir se dire qu'il a épuisé la coupe des vo-
luptés, qu'il est enfin désabusé des plus saintes
illusions de la vie. Sa mère se désole, son père
le renie ; mais, bah !... maman fait des envois
secrets d'argent et papa ne vivra pas toujours.

LOUP

Le loup est un quadrupède carnassier, du genre des chiens ; il est très friand de la chair humaine : il se jette sur le berger plutôt que sur le troupeau.

Le loup à face humaine n'est en aucune façon anthropophage. On le reconnaît à sa physionomie sombre, à son regard farouche et à son abord froid et repoussant ; c'est un personnage qui affecte une grande austérité de principes et de manières ressemblant fort à l'hypocrisie. Il se fait rogue parfois pour paraître austère, froid pour cacher ses passions, desquelles souvent, et selon l'expression de Buffon, il est prudent de se garer.

LOUP-CERVIER

Le loup-cervier est un quadrupède vorace et carnassier, qui ne lâche sa proie que quand il en a sucé les os jusqu'à la moelle inclusivement.

Dans notre siècle de progrès et de civilisation, beaucoup de gens préfèrent l'argent à l'honneur. Pour le conquérir, tous les moyens sont bons, et c'est ce qui fait que dans toutes les professions, même dans les plus honnêtes, on trouve énormément de loups-cerviers qui, insensibles à tout autre sentiment que celui de leur insatiable soif de l'or, se réjouiraient de la ruine de la patrie, pourvu que ce grand désastre influençât le cours des fonds public dans le sens de leur spéculation. Les banquiers, les agents de change, les notaires, ont offert des spécimens du genre, et, toujours ennemis de la faillite, ont trouvé plus court et moins compliqué de faire simplement banqueroute ; et ces loups-cerviers vont dévorer leur mouton gras dans quelque coin de la Belgique ou dans le *dolce respiro* du lac de Côme et autres paradis terrestres à l'abri de l'extradition.

LYNX

Le lynx est une sorte de chat sauvage, carnassier; sa vue est très perçante et rien n'égale sa souplesse et sa dextérité; il tient du furet et du renard; il vit dans les forêts du nord de l'Europe, de l'Asie et du Caucase.

Le lynx humain a une admirable adresse à découvrir les défauts et les faiblesses d'autrui. Il découvre les défauts, il doit voir les qualités; mais, hélas! il n'en est rien. Semblable à ces peintres incomplets qui ne perçoivent que le côté ridicule de leurs modèles, il ferait une caricature avec une vierge de Raphaël, et l'on dirait que Dieu lui a donné l'acuité de la vue comme les opticiens nous donnent le microscope, pour étudier les difformités du monde, invisibles à l'œil nu. Le lynx est un observateur très dangereux, souvent injuste et toujours prévenu.

MARMOTTE

La marmotte est un genre de mammifère rongeur claviculé; elle passe sa vie à dormir dans des terriers profonds, qu'elle garnit intérieurement après les avoir hermétiquement fermés. Sa léthargie dure ordinairement pendant tout l'hiver, et ce n'est qu'au printemps qu'elle secoue son long sommeil et sort de sa torpeur.

L'homme marmotte n'a ni caractère, ni énergie; il est insensible à toutes les vicissitudes, et laisse passer les événements sans s'en émouvoir. Il n'a qu'un bonheur négatif; son existence passive n'est accidentée par aucune des mille variétés qui compensent les monotonies de la vie. Il ne tue pas le temps : il le laisse passer, et c'est le temps, au contraire, qui le tue.

MERLE

Le merle est un oiseau de l'ordre des oiseaux sylvains et de la famille des chanteurs; son plumage est noir et son bec jaune. Il est très difficile à approcher; si on le suit le long des buissons, il échappe, et il est comme un éclair à l'extrémité du bois; on entend son cri moqueur, qui semble rire du désappointement.

Le merle humain est fin, rusé, adroit, et sait déjouer toutes les ruses. En affaires, il a toujours la bonne part, et dans toute association il ruine ses confrères en trouvant le moyen de s'enrichir. Rabelais a dit : Trouvez-moi un merle honnête, et je vous baillerai un merle blanc.

MOQUEUR

Le moqueur est un oiseau excessivement répandu en Amérique, qui a une grande facilité pour imiter le chant des autres oiseaux en ayant l'air de le parodier.

Les grandes et les petites villes sont infectées de moqueurs, qui sont tous plus ou moins sournois et dissimulés ; leur gosier a des notes sardoniques. Sans être méchants, ils commettent souvent des cruautés dont ils n'ont pas l'air de se douter, et il leur arrive fréquemment de tuer leurs semblables, en se figurant qu'ils les amusent. Ils ne sont pas sauvages ; au contraire, ils aiment les lieux fréquentés et se perchent dans les salons et les théâtres. On a beau les choyer, leur prodiguer des caresses, ils finiront toujours par vous donner des coups de bec, qui parfois crèvent les yeux ; tout cela pour s'amuser et se distraire. En général, les moqueurs font leur nid dans les bureaux des grands journaux.

MOUCHE

La mouche est un insecte diptère très connu,
de la famille des athéricères, de la tribu des
miscides et dont il existe un grand nombre d'espèces. La hardiesse et la persévérance de cet
insecte sont devenues proverbiales. Une mouche
qui s'est mis dans la tête de se percher sur le
bout de votre nez arrivera à ses fins par tous
les moyens possibles; elle vous épiera, vous guet-
tera avec patience et avec une opiniâtreté telles,
qu'il deviendra impossible d'éviter ses pour-
suites.

Les mouches et les mouchards sont tout un;
du moment qu'ils se sont attachés à votre personne, vous n'éviterez pas leur piqûre, qui est
souvent mortelle. Tous les mouchards ne sont
pas d'ignobles personnages embusqués dans les

nauvais lieux, pour épier le mot ou l'action dont
a révélation est tarifée dans l'intérêt de la mo-
ale et de l'ordre public; chacun, dans ce vaste
ravail, a sa façon d'épier suivant le milieu dans
equel il agit. Les administrations, les palais, les
acultés, les villes, les campagnes, l'intérieur,
'extérieur, les salons, les théâtres, les coulisses,
es bals, les dîners, les boudoirs, les églises, la
ourse, les alcôves et l'armée sont les champs
qu'elles explorent; et il n'est pas de secret qui
échappe à l'opiniâtreté de leurs patientes et
adroites investigations.

Le genre mouche a mille variétés : la *mouche
du coche*, qui croit tout faire et empêche de
aire; la *mouche à miel*, qui vous pique en ayant
'air de vous accabler de bienfaits; la *fine mou-
he*, qui vous dupe avec toutes les apparences
de la bonhomie. La mouche est souvent un parait gentlemen ou une gracieuse danseuse, dont
on ne se méfie jamais : les mouches se glissent
dans les causeries du coin du feu, et on en a vu
arriver à s'insinuer jusque dans le lit de l'amant
qu'elles voulaient trahir.

On méprise les mouches... Après tout, c'est

un métier qui en vaut un autre; dans tous les cas, il enrichit. Les temps modernes ont beaucoup diminué l'usage de ces auxiliaires; aujourd'hui les gouvernements, se sentant plus forts, puisqu'ils ont pour base la sanction populaire, ont presque renoncé à l'emploi de la mouche.

MOUTON

Le mouton est un animal quadrupède ; c'est le
mâle coupé de la brebis. Sa tête est faite comme
celles qui plaisent le plus, et cependant elle est
de celles qui plaisent le moins, à cause de son
air d'incertitude et de rêverie caractéristique.
On désigne sous le nom de mouton les béliers,
les brebis, les moutons et les agneaux quand ils
sont en troupe.

Le mouton humain est un être innocent et vertueux, mais qui est incapable de gagner mille
écus de rente. Sa candeur et sa naïveté, qui ne
sont pour la plupart du temps que des qualités
négatives, le mènent à conquérir l'estime de ceux
qui l'attrapent. Il a la réputation d'être bête, et
c'est ce qui fait qu'il est dupé par tout le monde ;
qu'il se laisse tondre la laine sur le dos, et que
le loup ne manque jamais de le croquer.

La pire calamité qui puisse arriver à une industrie, c'est d'avoir un mouton pour gérant. Au physique, le mouton est très reconnaissable, et l'on n'est pas sans avoir remarqué que, lorsqu'un mouton passe quelque part, tout le troupeau le suit : on appelle cela les moutons de Panurge.

Certains loups, revêtus de la peau de mouton, abusent de leur déguisement pour capter un prisonnier et dénoncer son secret à la police; rien n'est plus méprisable et dangereux que ces misérables, qui, pour racheter leur propre crime, n'hésitent pas à porter de fausses accusations, qui souvent conduisent leurs victimes à l'échafaud.

MULET

Le mulet est un quadrupède provenant de deux animaux de différente espèce et dont l'entêtemeut est devenu proverbial. Cet animal, bien qu'il soit une invention artificielle des maquignons, n'en a pas moins son caractère et son individualité, ses vices et ses vertus. Tenace et fantasque à l'excès, il se conduit d'un pied sûr à travers tous les périls des montagnes; il passe sans broncher, et avec la plus grande docilité, sur l'arête vertigineuse des sommets alpestres, et il obéit à tous les désirs et à tous les caprices de son conducteur, s'il est bien disposé. Dans le cas contraire, et pour peu que l'idée lui en vienne, il se roulera au plus profond des précipices. Si la chaleur et les mouches le taquinent, il ira se vautrer dans le bourbier voisin; plus on fera d'efforts pour

s'opposer à son caprice et plus vite il cherchera
à le satisfaire; si on le frappe, il a tellement de
mémoire et de rancune que, fût-ce dans dix ans,
il se souviendra de l'offense et s'en vengera. Il
est plus sensible à l'éloge qu'au châtiment, et ne
refuse pas un blâme honnêtement infligé. Si un
muletier va jusqu'à ôter son plumet à la mule
capitane, alors c'est le comble de l'humiliation,
et l'animal s'en montre très malheureux sans
pour cela se résigner à l'obéissance.

Le mulet, humainement parlant, se trouve dans
tous les milieux sociaux. L'entêtement est un
des plus communs accessoires du cœur humain :
il est d'autant plus difficile à déraciner, que tous
ceux qui ont ce défaut croient posséder une vertu,
et que pour eux être têtu, c'est montrer de la
fermeté d'âme et une grande fidélité aux principes. La ténacité devient à leurs yeux force,
courage et vigueur de caractère; ils revêtent de
grandeur le plus petit des sentiments; ils élèvent
très haut le plus bas des vices, et ils font comme
ces habitants rabougris des Landes, qui grimpent
sur des échasses et se croient le plus grand peu-
ple du monde.

Buffon affirme que les mules sont plus
tenaces, plus fantasques et plus capricieuses
que les mulets. Dans tous les cas, leur entêtement produit toujours les plus grands maux.

———

OURS

L'ours est un mammifère carnassier, de la
famille des carnivors et de la tribu des planti-
grades ; les instincts cruels et la misanthropie
de cet animal sont généralement connus.

L'ours à figure humaine vit toujours seul,
s'effarouche au moindre bruit et n'hésite point à
faire le mal lorsqu'il peut nuire à ses semblables
sans être forcé de se montrer. Il pousse l'ardeur de ses instincts jusqu'à la cruauté, plus
pour le plaisir du méfait que pour le plaisir
qu'il en tire ; car, de même que l'animal son
homonyme, qui se contente de flairer sa victime
et qui la quitte après s'être assuré qu'elle est
bien morte, il laisse en paix une réputation
qu'il a détruite. La joie d'autrui le met en
fureur ; il regarde comme une insulte tout ce
qui dénote le bonheur autour de lui, et il n'admet pas qu'on puisse rire, parce qu'il est tou-

jours de mauvaise humeur. Tout progrès lui est antipathique : les habitudes sociales, les façons d'agir et de s'habiller généralement admises, lui paraissent de vaines futilités, et on dirait, à le voir avec son costume et ses manières excentriques, que c'est un citoyen d'une contrée inconnue. Les bons offices ne le séduisent point, car sa misanthropie se méfie de toutes les avances qu'on peut lui faire ; farouche avec tous, même avec les siens, il ne se laisse apprivoiser ni par l'amour, ni par l'amitié, auxquels il ne croit pas, et il y a cette différence entre lui et le quadrupède qui lui a donné son nom, qu'on a reconnu l'impossibilité de le museler.

Méfiez-vous des ours, et ne comptez sur leur peau que quand vous les aurez tués.

PANTHÈRE

La panthère est un quadrupède très féroce, du genre des chats, qui diffère du tigre et du léopard par les taches qui sont dans son poil.

La panthère humaine est une espèce de femme ayant dépassé l'âge de majorité et étalant tout la splendeur de ses vingt-cinq à trente printemps, qui a reçu de la nature des armes offensives et défensives, à la puissance desquelles il est difficile de se dérober ; son arsenal est complet : les grâces du visage, les charmes de l'esprit, la perfection des formes, l'irrésistibilité du sourire et l'infaillible don des larmes, sont autant d'épées flamboyantes qu'elle sait manier en venant au monde, et dont aucun bouclier ne peut parer les coups. Expéditive dans le combat, c'est toujours au cœur qu'elle s'attaque, à la victoire qu'elle vise, et nul mieux qu'elle ne sait trouver le défaut d'une cuirasse, quelque bien

trempée qu'elle puisse être. Contrairement aux
rigoureux usages de la guerre, loin de menacer
l'ennemi de sa fureur, elle lui promet tout son
amour et se déclare d'avance l'esclave du vaincu,
de sorte que le jeu qu'on joue avec elle ressemble beaucoup à qui perd gagne. La panthère n'a
ni cœur ni péricarde ; ses caresses sont une
ruse, ses sourires une embûche ; et malheur au
chasseur naïf qui tombe sous sa griffe rose ! ....
Avec les très-fallacieuses apparences de la
tendresse et de l'humanité, elle l'entoure d'un
réseau inextricable ; elle le fait son esclave, son
bien, sa chose. Fortune, avenir, santé et honneur, tout y passe. C'est une bipède vorace qui
suce jusqu'à la moelle, c'est un vampire souriant,
qui étouffe agréablement ; c'est une sorte de
fille publique qui s'est *particularisée* au détri-
ment de celui qui devient sa proie. Elle ne
communique pas toujours l'impur virus du corps,
mais invariablement elle corrompt et putréfie le
cœur.
C'est la panthère qui créa l'hyberbolique exubérance de la crinoline et des ballons amidon-
nés ; les marchands de nouveautés lui doivent

des autels, car sans elle les femmes honnêtes
n'eussent jamais songé à porter une robe dont
l'étoffe aurait habillé les dix grand'mères de
leur arbre généalogique.

La lionne et la tigresse ne sont que des dimi-
nutifs de la panthère.

PAON

Le paon est un gros oiseau domestique de l'ordre des gallinacés, de la famille des nudipèdes, d'un beau plumage et d'un cri fort aigre, qui a comme une espèce de petite aigrette sur la tête, et dont les plumes de la queue sont remplies de marques de différentes couleurs en forme d'yeux. C'est le plus bête des oiseaux. Il est ordinairement beau. Sa principale affaire c'est de lustrer ses plumes, de relever son aigrette, de faire miroiter ses vives couleurs, qui sont celles de l'arc-en-ciel; il se gonfle, s'étale et développe tout l'attirail de son insolente splendeur. Quand il est seul, il est simple comme une pintade. Mais, quand il ouvre son bec, il en sort des sons tellement rauques et discordants, que tout son prestige s'évanouit; sa tête est si petite, qu'il n'a pas de cervelle et que son génie étroit ne lui inspire qu'un chant fort désagréable.

Le paon, dans la société moderne est un sot, ce qui est pire que d'être franchement bête. Il est vain, glorieux, rodomont et fat, quatre défauts qui mènent à l'orgueil, à l'égoïsme, à la lâcheté et à l'ingratitude.

PAPILLON

Le papillon est un insecte ailé de l'ordre des lépidoptères, qui vient par métamorphoses de certaines chenilles, et dont il existe un grand nombre d'espèces. Tous les papillons ont quatre ailes, qui diffèrent de celles de tout autre insecte ailé en ce qu'elles sont couvertes d'une espèce de poussière ou de farine colorée, qui s'attache aux doigts lorsqu'on les touche. Le papillon vole de fleur en fleur, et, lorsqu'il se pose sur la rose, il échappe à la main prêt à le saisir, s'élève dans les airs, s'abaisse, s'éloigne, se rapproche, et, après s'être joué du chasseur, il prend sa volée et va chercher sur d'autres fleurs une retraite plus tranquille.

Le monde est plein de papillons jeunes ou vieux, qui se sont fait une joyeuse habitude de l'inconstance et de l'étourderie. Ils courent de femme en femme ; ce sont pour eux comme des fleurs. La fidélité pour eux est un trop grand sacrifice.

Le métier de papillon, s'il a ses agréments, a certes aussi ses fatigues et ses périls : plus d'un se brûle les ailes à la chandelle ; les maris leur font une guerre perpétuelle, ce qui n'arrête jamais leur essor, car plus on les chasse, plus ils reviennent à la charge. Ils sont constants dans leur inconstance : si on les met à la porte, ils rentrent par la fenêtre. Les femmes se laissent toujours prendre aux jolies couleurs de ces fats volages; elles les admirent et les aiment.

Il y a de vieux papillons: ce sont des ex-beaux qui sont bien près de passer chenille. Ils se teignent les ailes et se noircissent les antennes pour avoir l'air de jeunes lépidoptères ; mais ils ont beau faire : ce sont toujours des phalènes de nuit qui n'ont plus la force de voltiger, et qui finissent par mourir de fatigue sur une ortie, en se persuadant que c'est une rose.

PARESSEUX

Le paresseux est un quadrupède dont il existe plusieurs espèces. Il n'a point de dents incisives et paraît éprouver la plus grande difficulté à marcher ; il avance en se traînant et dort le plus souvent.

L'homme paresseux brille, comme son homonyme le quadrupède, par les mêmes défauts ; mais il faut lui rendre cette justice, qu'il est pourvu de ses trente-deux dents ; ses incisives valent ses molaires, et toujours il est gourmand. Il ne se livre jamais avec une ardeur relative qu'à un seul travail, et c'est au travail de la mastication.

Il y a des paresseux dans toutes les classes, dans tous les pays et dans tous les âges. La paresse est un mal ou un bien endémique dans l'espèce humaine, et l'homme le plus laborieux a ses instants de torpeur, où il se laisse mollement glisser sur la douce pente du *far-niente*.

———

PIE

La pie est un oiseau de l'ordre des sylvains et
de la famille des coraces. La pie se rapproche
beaucoup de la corneille par son caractère, son
genre de vie, et encore plus du geai. Cet oiseau
est bavard, gourmand, sale et voleur.

Les mâles et les femelles de l'espèce humaine
qui passent leur vie à jacasser sur ce qu'ils
savent et ne savent pas, sont de vraies pies. Le
voisinage d'une pie est intolérable, et on a vu
des bourgeois paisibles forcés de déménager
pour se dérober au supplice de ses cris tapa-
geurs.

La pie n'articule pas positivement des sons
significatifs : son langage n'en est pas un ; et,
pourvu qu'elle babille, elle s'inquiète fort peu
du sens de ses paroles. Lorsqu'on lui a appris à

parler, elle ne retient presque toujours que les phrases qui peuvent compromettre ou être désagréables.

Chez les Romains, la pie était classée parmi les oiseaux de mauvais augure, comme la corneille : *sœpe sinistra cava....* On voit que les modernes n'y perdent rien.

———————

PIGEON

Le pigeon est un oiseau domestique, très-familier, qu'on élève dans des colombiers, dans des basses-cours et dont les petits sont bons à manger.

Le monde est plein de pigeons et de pigeonneaux. On les reconnaît aisément à leur air gauche et embarrassé ; cependant quelques-uns affectent des airs de ramiers expérimentés, et ce sont ceux-là qui deviennent plus accessibles au chasseur. Celui-ci a mille moyens de les amadouer : en expérimentateur rusé, il commence par étudier le moral du pigeon, il en analyse le fort et le faible, et de la masse de ses observations, toujours rapides, il tire bien vite la connaissance générale de son sujet. S'il a le cœur sensible, il lui décoche une blonde tourterelle, qui ne mettra pas plus de vingt-quatre heures à lui rogner les ailes ; s'il a de la vanité, il flat-

tera son amour propre ; si l'ambition le domine,
il saura lui promettre toute sorte de grandeurs
futures, car il dispose par son influence de tous
les honneurs et de toutes les richesses ; seulement, comme il dédaigne de porter sa bourse
avec lui, il finit par lui emprunter un louis,
qu'il oublie nécessairement de lui rendre : il a
tant d'affaires !...

C'est au jeu principalement que le pigeon voit
son plumage se détériorer très lestement. Dès
qu'il est tombé dans un de ces trébuchets où
l'attend le pipeur, il lui est impossible d'en
sortir : la trappe s'abat. Il a beau chercher l'issue, il n'y en a qu'une ; elle est si petite, si
étroite, qu'il n'y peut passer que lorsqu'on l'a
complètement déplumé. Les supercheries dont
on use pour le duper sont innombrables, et supposent un génie étonnant dans ceux qui les
mettent en œuvre.

Les loups, les renards, les vautours, ne
vivent que de pigeons : et il n'y a aucun mérite
à les tromper, car rien n'est plus facile que de
les faire donner dans le panneau.

La société française est un vaste colombier,

peuplé de blanches légions, toutes parfumées d'innocence et de candeur. Ces jeunes colombes, invariablement vêtues de leur robe virginale, n'attendent qu'un rayon de soleil printanier pour s'envoler et roucouler voluptueusement à l'ombre des mystérieux bocages. En attendant, pas une ne murmure, pas une ne maudit la captivité du colombier maternel ; toutes jurent de ne jamais quitter le berceau natal, le nid qui les voit grandir et les tendres caresses qui suffisent à leur petit cœur. Un pigeon vient-il à passer, toutes s'envolent ; la mère reste seule ; au bout du champ voisin elle est oubliée pour un inconnu. Ses filles font ce qu'elle fit jadis, et on leur fera de même. Voilà les colombes de tout temps et de tout pays.

PORC

Le porc est un animal domestique très connu,
que l'on nomme aussi pourceau ou cochon, et
dont il existe un grand nombre d'espèces.

Le porc ou le cochon bipède est un mortel qui
passe sa vie à boire, manger, dormir, et à se
vautrer dans la débauche la plus crapuleuse. Il
pousse la liberté du langage jusqu'à la licence,
et affecte le cynisme le plus effronté. En amour,
il procède à la façon des brutes et se figure qu'on
n'arrive au succès que par les sens : sa théorie
est souvent une affaire de tempérament; mais
elle est toujours une conséquence de la dépra-
vation morale. Il est presque toujours insolent.
grossier et bas. En philosophie, il est matéria-
liste, et en pratique il est pour le positif, préfé-
rant toujours le fond à la forme. Il peut être très

propre dans sa mise et dans sa tournure et se conduire très salement.

Une femme qui aime le cochon est comme des mangeurs qui digèrent le porc ; le cœur et l'estomac s'y exposent à de rudes indigestions.

RENARD

Le renard est un animal du genre chien, qui a beaucoup de rapports avec le loup et le chien quant à la conformation du corps, et dont les instincts carnassiers sont généralement connus.

Il existe dans la société un grand nombre de renards humains ; il y en a de toutes les tailles, de toutes les couleurs ; on les rencontre généralement à l'affût aux abords de la Bourse, dans les antichambres, dans les bureaux, guettant les poules à croquer et les pigeons à plumer. On les reconnaît facilement à leur tournure humble et modeste, à leurs façons obséquieuses ; ils vous offrent leur service, se mettent à votre disposition, sont prêts à se sacrifier pour vous, et ont toujours quelque bonne affaire à vous proposer si vous voulez être de moitié. Cauteleux, fiers et rusés, ils s'arrangeront toujours de façon à vous plumer sans vous faire crier, bien différents en ceci du loup, qui tue, assassine et déchire, sans s'inquiéter des conséquences. La grande science du renard est de dépouiller ses victimes sans bruit, tout doucettement et en y mettant les formes.

La Banque, l'industrie, la Bourse, les sciences, la littérature et les arts, ont leurs renards : ils vivent surtout de collaboration. A force de marauder, il est des renards qui finissent par s'enrichir et devenir d'honnêtes animaux domestiques; ils conservent toujours néanmoins certaines marques indélébiles qui les trahissent toujours. Si un de leurs intimes amis a un besoin momentané d'argent, ils s'empressent de mettre leur caisse à sa disposition; seulement leur dévouement se cote quelquefois à 40 %, plus la commission. Au jeu, si les chances du piquet et de l'écarté ne leur sont pas favorables, ils savent le secret de le faire tourner à leur profit; c'est une vieille habitude qu'ils ont gardée par reconnaissance.

Le renard vit longtemps, et avec un front chauve et des lunettes, il a l'air d'un irrépro-

chable vieillard, jouissant des fruits d'une
carrière honorable. Il est quelquefois conseil-
ler municipal, toujours ami du curé, auquel
il escroque des indulgences et des dîners.

REQUIN

Le requin, ou chien de mer, est le plus cruel et le plus vorace des poissons. On le nommait primitivement *requiem*, parce que le nageur qui était pris par un *requin* pouvait se considérer comme mort et faire sa dernière prière à Dieu. Le requin est toujours précédé de son *pilote*, qui est un poisson de un mètre de long, qui suit les vaisseaux pour en happer les morceaux et quelquefois les hommes qui tombent à la mer.

Les requins de terre, guidés par certains *renards*, qui leur servent de pilote et qui leur indiquent où ils doivent se mettre en embuscade, flairent le carnage partout où il y a une victime à faire, et si, comme leurs confrères de l'Océan, ils ne se montrent pas positivement avides de sang, ils se dédommagent amplement en suçant leur proie jusqu'à la moelle des écus.

Il y a mille sortes de requins. L'usurier sui-

vant à la piste la barque fragile du pauvre père
de famille qui va sombrer ; le coulissier volant
effrontément les titres qui lui sont confiés sans
récépissé ; la femme éhontée qui spécule sur les
attendrissements de l'oreiller ; le maître de pen-
sion qui multiplie les jeûnes, les abstinences des
malheureux enfants confiés à ses soins, et auxquels il inflige le pain quotidiennement sec ; le
tuteur grapillant les revenus et ébréchant le
capital de sa pupille, en lui faisant signer des
engagements post-datés : tous ces impitoyables
tyrans de l'humaine faiblesse sont autant de requins dont il est impossible d'éviter l'adroite
fureur, lorsqu'on tombe dans le gouffre toujours
béant de leur gueule insatiable.

ROQUET

Le roquet est une espèce de petit chien qui n'est ni gros ni fort. Rien n'est plus taquin, plus malicieux, plus persévérant que cette petite bête, qui met tout son bonheur à agacer et à harceler les grosses. Le roquet est insolent et provocateur; vexé d'être petit, il se redresse sur ses pattes, se campe sur le jarret et relève le nez en se donnant des airs impertinents. Il aboie après les passants, les poursuit de ses jappements opiniâtres, et, pour peu qu'ils aient l'air de le craindre, il leur saute aux mollets, puis au visage si l'on n'y met bon ordre.

Le roquet humain se trouve partout : dans les salons, dans les théâtres, dans les académies, dans les assemblées politiques et même à la cour, où il est encore plus insolent et vaniteux qu'ailleurs. Il se perpétue par contrebande, et Buffon affirme que tous les roquets sont des métis.

Les roquets littéraires sont les plus dangereux : leur bonheur est de courir sus à tout ce qui s'élève et grandit ; ils détestent particulièrement le bruit que fait la plume sur le papier ; ils montrent les dents, grognent et aboient à tout individu qui s'avise d'écrire en leur présence ; ils finissent par se jeter sur lui, sautent sur le bureau, mordillent la plume, déchiquètent le papier, et font si bien, qu'on a vu des hommes d'un véritable talent être forcés de renoncer à leur goût favori, à cause des incessantes persécutions de ces petits tyrans domestiques.

Le roquet n'est jamais amoureux ; mais il feint de l'être pour taquiner les amours des autres. Si vous avez un rendez-vous il s'arrangera de façon à s'y trouver avant vous et à troubler ainsi, comme par hasard, tout le bonheur que vous vous promettiez.

SANGSUE

La sangsue est un genre de ver aquatique,
oblong, noirâtre, sans pieds, marqueté sur le
corps de taches et de raies, et qui a dans l'ou-
verture de la bouche un instrument à trois
tranchants, avec lequel il entame la peau des
animaux pour en sucer le sang; la sangsue est
comprise dans la classe des annélides. Cette anné-
lide médicale ne pompe jamais plus de sang
qu'elle n'en peut contenir, et un grain de sel sur
la queue suffit pour lui faire lâcher prise.

La sangsue humaine n'est pas positivement
sanguinaire, bien que pourtant dans certains
cas elle n'hésite point à user de tous les moyens
pour satisfaire sa passion. Mais ce qu'elle aime
à sucer avant tout, c'est le métal — or ou argent — lorsque le balancier de la Monnaie y a

empreint l'image du prince ; elle use largement de sa proie, et n'est point avare des trésors qu'elle a volés.

Il existe une grande variété de sangsues, dont la piqûre est d'autant plus dangereuse qu'elle n'agit que progressivement et ne procède que par une sorte de gamme chromatique ascendante, de façon à épuiser la victime sans qu'elle se doute même qu'elle a été mordue ; si bien que, lorsque le patient songe à s'opposer au mal, il s'aperçoit qu'il est sans force contre son tyran, et qu'il n'a plus une goutte de sang dans les veines.

Parmi les sangsues humaines, on en trouve de charmantes. Il y en a de roses, de blanches et de toutes les couleurs les plus gracieuses. Leur piqûre commence par être d'autant plus agréable, qu'elle procède toujours sous forme de caresses. Les grandes villes surtout regorgent de ces jolis petits animaux, qui guettent et happent leur proie avec une adresse qu'on chercherait vainement ailleurs; ils l'enlacent, la charment et l'endorment avec tant de dextérité, qu'il est rare qu'au bout du mois il ne l'aient pas sucée jus-

qu'à la moelle des os. La spécialité de ces annélides femelles est de détériorer autant le moral
que le physique, et l'on a vu des hommes très
vigoureux de corps et d'esprit, devenir idiots et
malingres au souffle empoisonné de ces impurs
vampires.

Les sangsues humaines ont été de tout temps
le fléau des sociétés, et les Codes sont restés
impuissants contre leurs ténébreuses manœuvres.

SIFFLEUR

Le siffleur est un oiseau du genre des oiseaux sylvains et de la famille des maniccodiates ; il a le bec court, les ongles noirs et les pattes plombées ; il niche particulièrement dans les parterres, non parce qu'il aime les fleurs, mais parce qu'il y passe beaucoup d'oiseaux chanteurs, et que son bonheur est d'interrompre leur concert en sifflant. Son bec cartilagineux est doué d'une grande élasticité : il le contracte, allonge un peu la langue, expire brusquement, et fait entendre un bruit strident et prolongé. Les autres oiseaux ont tellement peur de ce sifflement qu'ils cessent leur chant et s'enfuient ; les plus gracieux gazouilleurs n'échappent point à cette tyrannie, et le rossignol même trouve rarement grâce devant sa persistance.

Les siffleurs se sont grandement multipliés dans la société moderne, et il n'est pas de chef-d'œuvre qu'ils ne soient tentés de huer à son apparition. L'usage du sifflet parait être systématique : on siffle un ouvrage, non parce qu'il est mauvais, mais parce qu'il est de tel auteur ou de telle école. Il y a pourtant des siffleurs de bonne foi, et leur intervention sévère peut parfois être salutaire.

Les siffleurs craignent le froid et l'obscurité ; aussi se cantonnent-ils dans les lieux où ils espèrent trouver la chaleur et la lumière. On les voit se réunir par bandes vers le soir et se précipiter, comme des papillons, dans les édifices illuminés. Le gaz et les calorifères des théâtres ont de grands attraits pour eux, et c'est ordinairement dans ces salles chaudes et éclairées qu'ils vont passer les froides nuits d'hiver. Là, si une fauvette ou un rossignol vient à risquer une de ses nocturnes mélodies, toute la bande se met à siffler ; c'est un jeu qui lui réussit toujours, et il est rare que les plus forts y résistent. En résumé, les siffleurs, hommes ou oiseaux, sont des animaux plus nuisibles qu'utiles. Ne pouvant créer, ils détruisent, et sont un peu de la famille du serpent, qui, désespérant d'atteindre l'aigle dans son aire, le siffle du fond des marais.

SINGE

Le singe est un animal quadrumane couvert de poil, fort souple et fort agile, et celui de tous les animaux qui, extérieurement, ressemble le plus à l'homme.

Tous les hommes sont plus ou moins des singes : Dieu seul est lui, Dieu seul est original ; tout le reste copie, imite et rejette plus ou moins bien la leçon qu'il a apprise. Les peintres, les poètes, les statuaires, tous les artistes sont des singes copiant les œuvres du Créateur, et, dans l'ordre abstrait, les philosophes, les naturalistes, les moralistes, ne sont pas autre chose que des singes modifiant de vieux systèmes, dont ils copient les grimaces.

L'homme est essentiellement imitateur ; c'est à cette propension innée qu'il doit tous ses vices et toutes ses vertus. Chez lui, le bien ou le mal dépend positivement des exemples qu'on lui

donne et des modèles qu'il copie. Il est à remarquer que plus ces exemples et ces modèles
sont ridicules,et plus ils ont de chance pour s'imposer à l'imitation. Les variations de la mode
ne sont point basées sur autre chose, ce qui fait
que, en matière de costume, plus un habillement
est excentrique, plus il a de chances d'être
adopté.

TIGRE

Le tigre est une bête féroce dont le poil est moucheté, qui ressemble à un chat quand à la forme, mais qui est beaucoup plus gros.

Le tigre humain est généralement orné de toutes les qualités qui font les MASCARILLES, les FRONTINS, les CARTOUCHES et les MANDRINS ; c'est un mélange de Ruy-Blas et de Chérubin ; il y en a qui épousent les galères et d'autres qui finissent par se marier avec une tigresse ou à peu près.

La tigresse est une vigilante matrone, ordinairement âgée de trente à quarante ans, fortement retranchée dans les casemates de sa vertu : cette vertu féroce a dents et griffes pour se défendre. Le printemps ne lui est point favorable, et ce n'est que dans les tropicales chaleurs de l'été qu'elle se plait à livrer des combats.

On n'est tigresse qu'à trente ans : avant, on est agneau ou colombe, et quelque fois chameau.

———

VAMPIRE

Le vampire est un mammifère, ou énorme chauve-souris d'Amérique, de l'ordre des carnassiers, de la famille des chéiroptères, et du genre phyllostome. Cet animal a des habitudes sanguinaires ; il est, en effet, prouvé qu'il suce le sang des bestiaux, après avoir entamé leurs veines au moyen de papilles cornées et aiguës qui garnissent sa langue.

Le vampire humain, dans la société, est un ex-acteur, un usurier, un marchand insatiable, un fabricant qui use de la sueur de ses ouvriers, un tuteur qui mange le pain de son pupille, un héritier qui se jette sans pudeur sur l'héritage d'un mort encore chaud dans sa couche. Mais le premier de tous les vampires, c'est le cœur humain, qui semble avoir été créé avec toutes ses passions pour se dévorer lui-même.

———————

VEUVE

La veuve est un petit oiseau d'Afrique, du genre moineau, et dont il existe plusieurs espèces ; son plumage est noir. Elle est d'une grande gaîté et gazouille du matin au soir.

La femme mariée ne s'appartient plus ; elle est l'esclave de son devoir ou de son affection, mais elle est toujours esclave et elle doit renfermer toutes ses féminines ambitions dans le cercle, très restreint, tracé par le code ou par le cœur. Veuve, au contraire, elle rentre soudain dans les vastes horizons de la liberté : de nouveaux soleils resplendissent dans le ciel bleu, de vagues mystères apparaissent dans le lointain, de douces possibilités sourient là-bas ; et toujours une espérance chante son *Gloria*, un instant après le *De profundis*.... Et puis le deuil va si bien à la jeunesse, et le noir se fond si gracieusement avec les roses et l'albâtre !

La société compte un grand nombre de ces charmants oiseaux qui, récemment échappés aux orages de l'hymen, semblent d'autant plus joyeux que leur plumage est plus triste. Le veuvage imprime à ses favorites un cachet qui les fait reconnaître immédiatement : c'est un mélange de candeur et de finesse, de timidité et d'assurance, d'innocence et d'expérience, qui tient de la jeune fille et de la femme. Et l'on dirait que les veuves récupèrent une seconde virginité : leurs joues reprennent leur velouté de l'adolescence, leurs yeux brillent plus diamantés, leurs formes s'arrondissent plus moelleusement, et leur coquetterie, longtemps endormie, se réveille comme aux anciens jours.

Cette métamorphose est générale, inévitable, quelque adoré qu'ait été le cher défunt.

VIPÈRE

La vipère est un genre de reptile dont les caractères consistent à avoir trois plaques transversales sous le ventre, deux rangs de demi-plaques sous la queue et des crochets à venin à l'extrémité antérieure de la mâchoire supérieure. Ce reptile sans patte et sans bras glisse sous l'herbe des buissons, mord le talon du passant au moment où il s'y attend le moins.

La vipère humaine est un bipède dont la langue gorgée de venin pique, déchire et tue plus sûrement que la tête venimeuse de son homonyme. Ce bipède est d'autant plus redoutable, que rien ne dénote ses appetits nuisibles. Il a les façons doucereuses ; ses manières sont souples, insinuantes, gracieuses parfois, mielleuses toujours : il affecte un langage innocent ; il ne

fait et ne dit le mal qu'avec une bienveillance
marquée. Rien n'est plus prudent que sa méthode : s'il médit, il a soin de plaindre sa victime, et, lorsqu'il calomnie, il ne manque
jamais de pousser un gros soupir, qui atteste sa
commisération pour celui dont il assassine la
réputation. Sa spécialité consiste surtout à faire
le mal par les autres, car alors il n'y a pas de
danger pour lui. Il arrive ainsi à jeter les dis-
cordes dans les familles, à diviser les amis et à
brouiller les ménages ; blotti dans son coin, il
rit de la douleur des autres. Il aime le mal pour
le mal lui-même, il le fait en artiste, avec
amour et par entraînement ; le profit qu'il y
doit trouver n'entre pour rien dans ses combi-
naisons, et, pourvu qu'il morde, pique et déchire,
le reste n'est rien. Il est d'autant plus dangereux qu'il s'introduit dans les lieux où l'on
soupçonne moins sa présence : les salons, les
boudoirs en sont infectés, et la plupart se cachent sous les fleurs, comme l'aspic de Cléopâ-
tre. Il en est qui se glissent dans les livres ou
rampent au rez-de-chaussée des journaux; d'autres se perchent à la tribune, ou sifflent à la

barre des tribunaux ; on en a vu qui grimpaient dans les chaires, et qui vidaient leur venin sur les têtes courbées d'un auditoire componctionné.

En général, la vipère humaine est mille fois plus à craindre que l'autre.

FIN.

Imprimerie de Surgères (Charente-Inférieure). — J. Tessier.

TABLE DES MATIÈRES

FIN DE LA TABLE

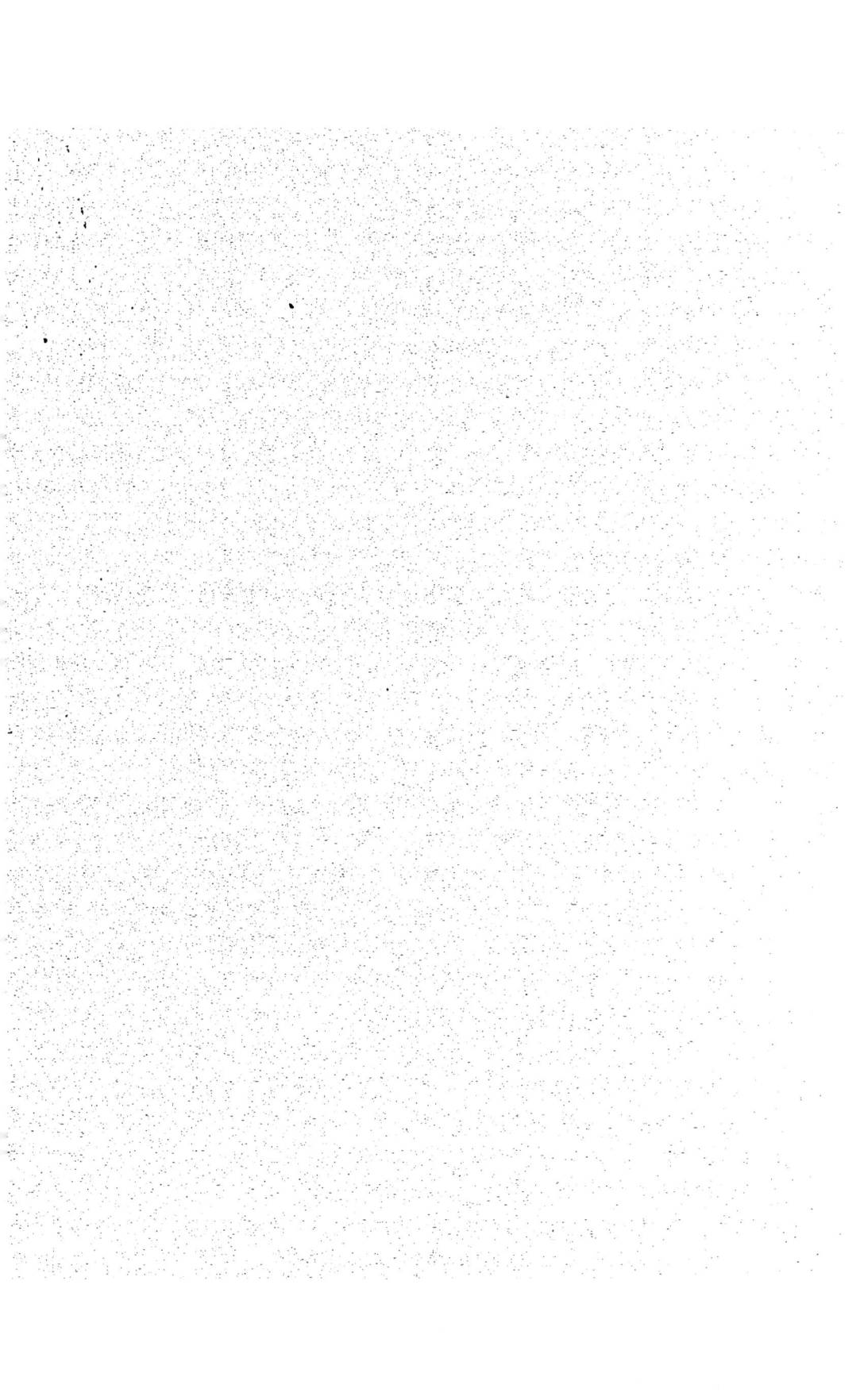

www.ingramcontent.com/pod-product-compliance
Lightning Source LLC
Chambersburg PA
CBHW070808270326
41927CB00010B/2348